胡立阳股票投资制胜30秘则

继超级畅销书《胡立阳股票投资100招》后最新力作

胡立阳◎著

投资大师再度奉献

经济日报出版社

序

被誉为“股市奇人”的华尔街投资大师胡立阳，2008年因连续点出国际原油、美股、A股、台湾股市四大资本市场的底部而惊艳投资界。

2008年6月29日在腾讯网“2008 A股投资国际论坛”上，胡立阳与号称“商品大王”的华尔街投资大师罗杰斯就原油期货进行激烈的PK，罗杰斯一如既往地看好国际原油走势，而胡立阳则认为“原油期货必暴跌”。实际上从2008年7月10日开始，国际原油期货价格开始一路下跌，2008年年底每桶跌破40美元，距离最高点147美元跌幅超过70%。

2008年9月19日在上海陆家嘴“第五届国际金融论坛”上，胡立阳在接受《每日经济新闻》采访时，用其“放洗澡水理论”和“六个月理论”预测美股将在6个月内见底（注：6个月后，即2009年3月9日道琼斯指数触底反弹）。

在论坛中他说，“6个月之内（美股）一定见底，欧美股市6个月之内就会从底部反弹，而欧美股市会牵动到全球股市。也许金融危机会一直延续，甚至延续一两年。但是，大家千万不要忘了，股票市场会提前反应。”对于股票市场，他认为，“当全世界股票市场涨翻天的时候，投资者也都一致认同行情，6个月之内绝对崩盘。相反，当大家都说经济完蛋了，全世界的报纸都说全球进入紧急状况，金融机构还要再倒闭的时候，情况也许恰恰相反。所以，现在可能是个大好机会。”

2008年11月24日《第一财经日报》采访胡立阳，当时上证综指还在1800点附近徘徊，这位“奇人”表示，“1500～2000点是A股超级大底，千万别错过大好的买进机会”。2009年1月10日在接受《扬子晚报》专访的时候，胡立阳以其独特的言语再度“命中”A股底部。

胡立阳强调：“现在投资可享慢牛全宴”，“底部出现了，暴跌后股市通常不会马上就V形反转，股市慢慢往上走，再和由高点缓缓下移的延长线会合，但底部时间会比较长，形成一个‘三角旗形’”，沿着这个三角旗形慢慢往上走的那条斜线，只要指数大幅跌落线下，就是可以低接赚钱的大好时机。大家在这段时间应该定下心来，不看指数，而是选好业绩的股票，守株待兔，三五年后也许能赚到5倍到10倍，甚至几十倍，这样投资者就可以吃到股市整个上升过程的“全牛宴”。

胡立阳预测台湾股市的底部，更被台湾投资者视为一个传奇。在2008年8月16日他大胆预测“台湾股市将在11月20日见底”，这一不可思议的预测成为当期台湾《经济日报》头条。2008年11月20日，台湾股市果然探底成功，摆脱熊市。

2009年，胡立阳的神奇继续上演，7月20日他在接受《证券市场红周刊》采访时提醒投资者，“A股将放暑假休息”，他认为，“经过半年的反弹，A股已经回到合理价位3100点附近，股市是带动经济的火车头，通常比宏观经济提早反应6~9个月，当估值达到合理价位之后，大盘将随时调整”。

A股在2009年8月4日见到3478高点后果然快速下跌。8月8日《中国证券报》记者贺辉红对胡立阳进行专访，胡立阳指出，“A股需要调整43个交易日”，期间沪指一度最低曾探至2639点。国庆长假结束后，上证综合指数由2700多点直接跳空回到半年线之上结束调整，距8月4日调整开始，整整43个交易日。

这本书节选了自2008年7月份以来，胡立阳在腾讯网、中央电视台、北京电视台、深圳卫视、湖北卫视、内蒙古卫视、《证券市场红周刊》、《第一财经日报》、《理财周报》、《扬子晚报》、新华社《瞭望周刊》、《大众证券报》、《证券时报》、《上海证券报》、《中国证券报》、《羊城晚报》、《南方都市报》、《长江商报》、香港《智富杂志》、《东方日报》等媒体以及一些重大投资论坛上对A股、美股以及其他国际资本市场的精彩论断，并记录了这位投资大师的投资新语。

尽管胡立阳在资本市场创下一个又一个新记录，但他本人却多次向媒体和身边的朋友一再表示，“早就不参与股市投资，更愿意献身投资教育，只做一位单纯的老师”。是什么原因使得这位股市奇人淡出实战？他所追求的又是什么？本书的开篇就将会有详尽的说明。

腾讯财经　韦洪波于北京

自序

迈向人生另一个高峰

——全心致力于投资理财教育

投资人问：

胡老师您好！我是您的忠实粉丝，只要是您的演讲，我都会想尽办法到场聆听。您对于国际金融情势的分析与掌握，一次又一次让我们见识到您的深厚功力。上星期，听说您要在上海演讲，我立刻召集了一群朋友一块儿也由台北赶往上海。那天演讲，我还坐在第一排呢。您演讲的内容每次都让我们耳目一新，这次竟然还跳起了桑巴舞。哇！当时全场真的可说是high到最高点了！还有，您在最后非常感性地讲述，当初为何放弃令人羡慕的华尔街工作而回来做一位教育投资大众的老师。因为这段故事太感人了，大家都忍不住红了眼眶呢。看到您那么卖力，在台上讲得连声音都沙哑了。老师，您一定要好好保养身体，别累坏了，大家都很需要你啊！

首先，我要说，看到你的来信，我同样也忍不住红了眼眶。

这么多年来，大家对我的关心与肯定，支持着我不断勇往直前，我由衷感谢你们！

当初我不顾家人亲友们的反对，毅然放弃华尔街的高薪高职回到了亚洲，就是决心只当个传播正确投资观念的老师。这份初衷，一路走来始终没有改变。

大家总是问我，当时在美林证券已经大放异彩，为什么不继续留在华尔街赚大钱，而宁愿选择从事教育工作。我要这么说，华尔街绚烂辉煌的生活也许会吸引很多人，但我知道自己的个性并不适合做个生意人，也不适合当个大企业家。

其实，我要告诉你们一个小秘密。决定要回到亚洲推广股票投资教育时，我的心里并没有挣扎与不安，反而充满了跃跃欲试的兴奋，因为我知道，有一个更大的舞台在等待我，而且扮演这个角色并不是为了钱。我知道这个选择对我的个性而言适得其所。

所以，我常开玩笑地这么说，只要能听到讲台下给我的热烈不断的掌声，我的心情就像是华尔街的大亨们听到银子唏里哗啦地落入口袋中的声音一样，感到同等的喜悦。

2008 年的确是全球股市最多灾多难的一年，大家先是担心通货膨胀，接着，又转为害怕金融海啸，投资者莫不惊惶失措，无所适从。

处在这种危急时刻，我知道任务又来了，我必须加快脚步，一场接着一场演讲，在全球各地告诉大家，我所观察到的真实的金融情势。比如，当时我不断告诉大家，高油价很快就会逆转大跌，通胀会随之消失无踪；金融海啸根本只是一场闹剧，它只会是“雷声大、雨点小”、“来得快、去得快”！还有，在市场处在一片悲观低迷的氛围时，我不断地用“二分之一测底法”提醒大家各大股市的底部即将来临，要好好把握难得的投资机会！

这本书记录了我在每次演讲中对重大金融情势的研判。因为劳碌奔波而分身乏术，原本在2010年初便已完稿，却迟迟安排不出时间来处理出版事宜，真的要跟所有读者们说声抱歉，让你们久等了。如今，经过半年，全球各大股市以及世界经济的发展仍然一步步地验证我在书中的断言。举例说，一个又一个的金融危机，如同大大小小的窟窿会不断出现，因此，书中陆续为大家介绍的每项统计研究数据与论点，都是经得起时间考验的。

回顾这二三十年，在一场场的演讲会中，我与来自世界各地的朋友们开心地同聚一堂，分享我的一些小小研究心得，不为别的，就只是为了当初心中的那个念头，我想单纯作个能为大家服务的投资教育者！

目录
CONTENTS

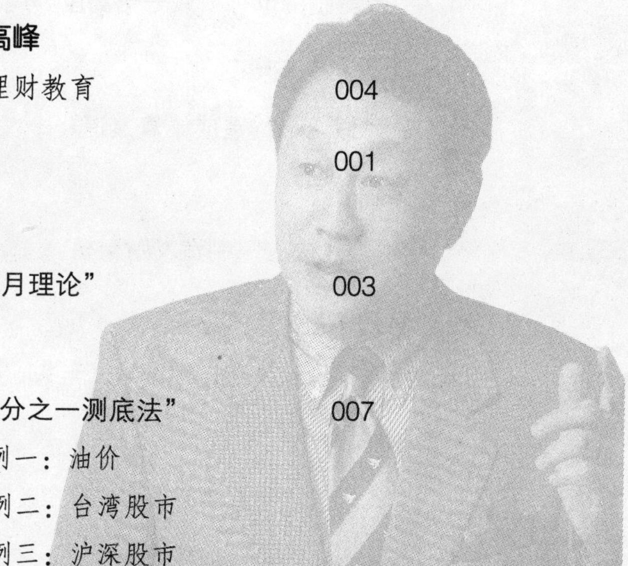

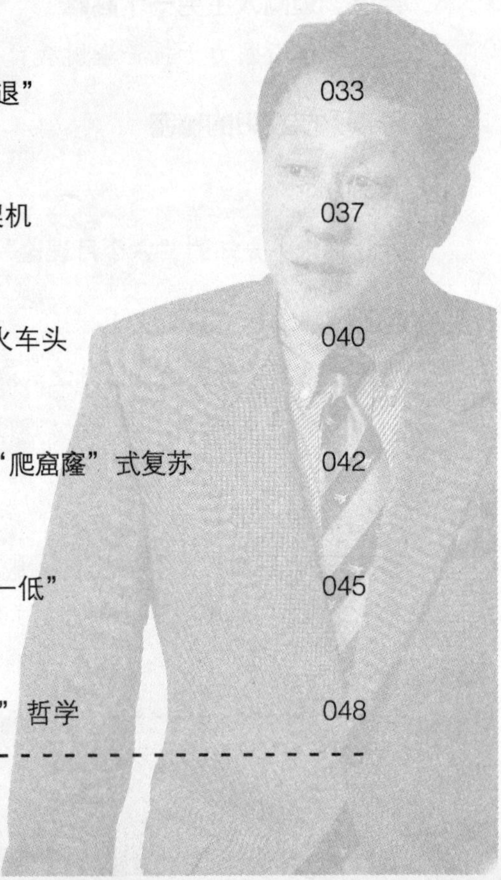

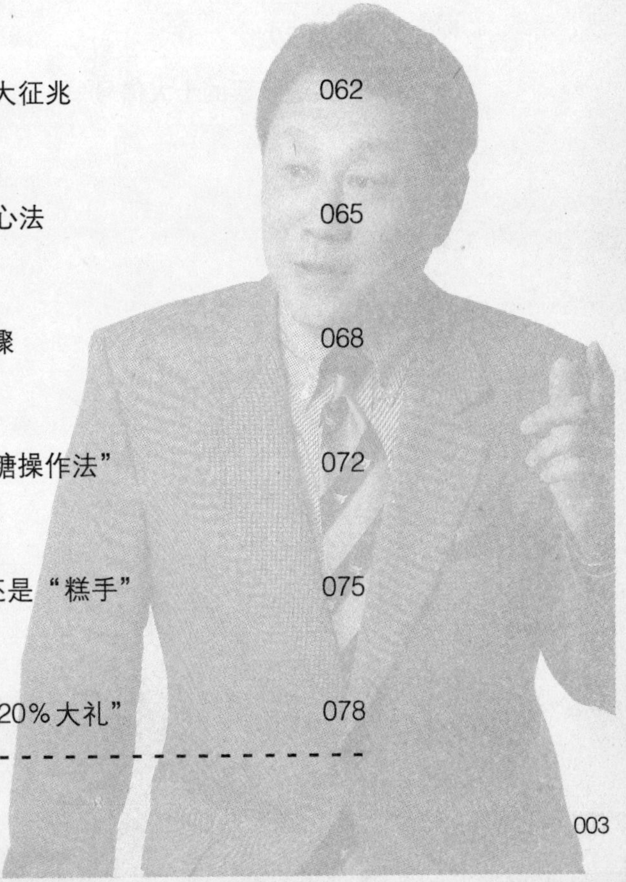

导读

胡立阳的秘密

投资人问：

胡老师您好！最近拜读了您的大作《胡立阳股票投资100招》。因为这本书在畅销书排行榜上长期以来一直名列前茅，我很好奇地想一窥究竟。果然，这真的堪称是一本投资宝典，像是每一招都点出了我在股市中所遇到的困难和疑惑一样，您的解答不但简明易懂，更是准确灵验。人家说“千金难买早知道”，要是我早学会“六个月理论”，2008年遇上金融海啸时，我就不会那么悲观地全数认赔杀出，卖在最底部。您早就说2008年11月是股市的最低点，我却没胆进场，现在想想，真是无限懊悔呀！真诚地请求您除了“100招”以外，能再多透露一些“秘密”，我保证会更认真学习。下一次，当股市再掀起海啸，我就不会再畏惧，还能及时把握机会了。

过去3年来，由于我颇为准确地预测到石油、黄金以及美股、纳斯达克、A股、台湾股市、越南、马来西亚、巴西等市场走势，引起大家好奇，都想知道我如此“幸运”的背后究竟有什么“秘密”？

我的“秘密”是什么呢？

我花了整整7年的时间，细心研究了全球**12**个具代表性的新兴市场过去**25**年间的大起大落，得到许多珍贵的统计资料。我想，这就是我的“秘密”吧！

现在，我决定将所有研究心得，再次奉献给所有投资朋友们。

胡立阳的秘密

六个月理论	包含股市在内的任何金融商品，当所有人都认定会涨，6个月之内必定崩盘！
	当大家全然悲观，则6个月之内必定翻转回升。
六天理论	道听涂说某只股票即将大涨，手痒想去追价，请提高警觉，“六个月理论”将立即缩短为“六天理论”。
二分之一测底法	将股市指数的最高点除以2，就是长期“合理价位”。
	未来两三年甚至10年，只要指数是落在“合理价位”之下，都常是长线的逢低布局时机。
	将“合理价位”再除以2，就会是暴跌后的“超级底部”了。
合理价位卖压	指数由“超级底部”反弹，必定会先回到“合理价位”，在这个位置将遇上第一道的“铜墙铁壁”。
涨一倍卖压	指数若未在“合理价位”停留，然后由实际底部反弹一倍之后，也会因遇上庞大卖压出现回调。这种情况下，盘整时间通常会超过6个月以上。
1.2倍法则	回调整理完成后，将“合理价位”再乘以1.2，就会是指数下一道值得期待的目标点位，也是进入“牛市下半场”的关卡。
20%礼物	黄金、石油以及股市，当站上具争议又关键的价位，下面2~3个月之内，再上涨20%的机率高于八成！然后，十之八九又会立即由上涨20%后的价位出现“中期回调”。

秘则 1

让你未卜先知的“六个月理论”

投资人问：

2008 年 8 月 17 日，那天好像是星期天，胡先生您上了《台湾经济日报》的头版头条新闻，您说的“台湾股市将在 11 月 20 日走出熊市”成为斗大的标题。当时全球股市因为经济衰退正陷入一片愁云惨雾之中，台湾股价指数更是狂跌不已，没有人知道会跌到什么时候。但是，股市自 2008 年 11 月 21 日当天起，竟然出现戏剧性的低开高走，然后每日不停狂涨，接下去的几个月都没有再回头，真的走出了熊市。还有，之前的 6 月份，油价处在最高峰，市场上只有胡先生一个人说石油必将大跌至 35 美元。半个月之后，油价就奇迹似的一路由 147 美元跌到了 33.5 美元。接着，10 月中旬在网上看到胡先生于上海某著名媒体的专访中表示，美国股市最迟将在 2009 年 3 月中旬触底反弹。没想到，时间一到，行情就如您所预料的又启动了。大师的功力简直令人瞠目结舌，佩服极了！能否透露其中玄机？

（一）物极必反原理

2008 年6 月29 日，我应邀在深圳举行的一场盛大的国际金融论坛中对油价的未来趋势发表了看法。当时的背景是：国际油价在一阵狂飙之后，迅速逼近了140 美元一桶的高价，全球一时之间无不充斥着一股高油价时代已来临的气氛，甚至油价将到达200、300美元的说法也甚嚣尘上。

但我却坚持不同看法，冒出了令所有媒体大为震惊之语。我大胆地指出，油价即将在短期之内崩盘！当时没有人相信这种情形有可能发生，但短短两周后，油价完全如我所料的，由147 美元一桶，一路像溜滑梯般地向下狂跌至33 美元。这油价的一顶一底，完美地印证了我的看法是正确的。

其实，当时我的大胆预言并非只是个人的胡乱臆测，而是根据长久观察而得到的一项非常宝贵的“六个月理论”。

任何交易商品，包括股票、石油、贵重金属在内，只要媒体开始大幅报道，大家都认同它一定会涨的情况下，通常在6 个月之内，该商品价格就会出现逆转甚至崩跌。这种物极必反的现象，就是我个人所提出的“六个月理论”。而且我发现这种现象很少有例外，甚至这段“蜜月期”常会缩短到只有3 个月左右。

2008 年元月初，油价到达100 美元以后，全球媒体就纷纷以头版来加以报道，因此，油价可能狂涨到200 美元甚至300 美元的骇人新闻早已是人尽皆知了。那么依照我的“六个月理论”来推算，7 月份的油价出现了崩盘，你就不会感到意外。

今后请注意，任何一个大家一致看好的流行商品，尤其是股票，当街头巷尾都可听到高谈阔论时，最好是在6个月之内先跑一趟！

(二) 六天理论

道听途说某只股票即将大涨，若还执意追价，请提高警觉，“六个月理论”将会缩短为“六天理论”！

(三) 否极泰来的现象

你或许会问：“当行情在低档时，这个理论可以反向运用吗？”

当然可以！2008年9月，华尔街的雷曼兄弟公司宣告破产的噩耗再度占满了全世界媒体的版面，走在马路上的每一个人都知道可怕的金融海啸来了。我运用“六个月理论”预测纽约道琼斯指数在6个月之内就会有否极泰来的转机。从9月开始算起，果然到了

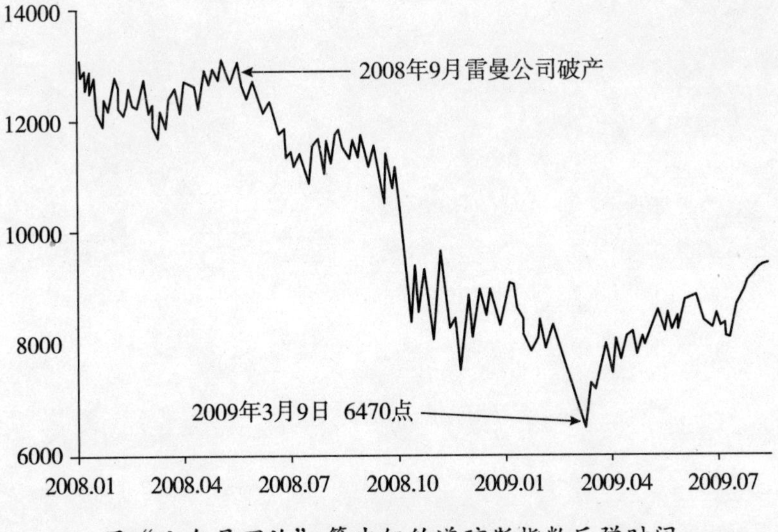

用“六个月理论”算出纽约道琼斯指数反弹时间

2009 年 3 月道琼斯指数出现了奇迹般的反转，再一次证明了“六个月理论”惊人的准确度。

“六个月理论”可以准确地预测什么时候会因物极必反而崩盘，也同样可以精确估算因否极泰来而出现反弹的时间。

现在我把秘密都告诉你了，如何灵活运用就要看你自己啰！

秘则 2

千金难买早知道的“二分之一测底法”

投资人问：

胡老师，您在2008年7月油价突破140美元时就铁口直断，未来油价必将惨跌至35美元。接着，在2008年10月，当上证指数暴跌到1700点时，在许多演讲会以及采访报道中，您信心满满地表示，A股其实已悄悄地进入1500~2000点的“超级大底部”，熊市即将结束！而在其后的日子里，您神准的研判一一地被验证。能预知涨跌的时间已经很难，还能准确地计算出点位，那简直是神乎其神了。我好奇地想问，您究竟是拥有何等神奇的魔法？

今天，就让我来为大家完完全全地揭开谜底吧！

我不是魔术师，当然没有魔法。但是，因为我的执著，终于找到了能准确预测点位的方法。

在一片看涨的牛市尾端，投资人总免不了会不顾一切地追价买进，这时，商品或股价早已涨过了头，该上车的也全上车了。于是，只要有个风吹草动，就会引起恐慌，大家全都抢着下车。疯狂卖出的结果导致价格一落千丈，涨得越高的就会跌得越深，这又是我曾提出的另一项**“拍皮球理论”**。

在这种恐怖的下跌过程中，所有人都会不免乱了方寸地想问：还会再跌吗？究竟还要跌到什么地方呢？

我前面所提的“六个月理论”可以预知股市或是油价等商品“物极必反”以及“否极泰来”的转折时间点。但是想要准确计算出下跌将到达的点位，找出天赐的买点，就必须靠我发明的另一项绝招——**“二分之一测底法”**了。

当商品价格或大盘指数由最高点开始出现暴跌，通常会先拦腰一截地跌到半价，回到“合理价位”。这时，一旦遇上持续性的恐慌性卖压，经常又会产生再一波的下跌，出现“半价再半价”的状况。

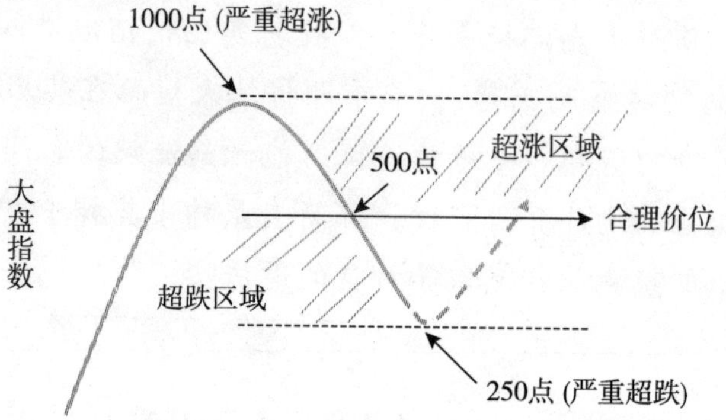

“二分之一测底法”分析大盘走势

说明：假设大盘指数是由严重超涨的1000点暴跌，通常会先拦腰一截，跌回到500点的“合理价位”。若再跌半，来到严重超跌的250点时，绝对是超级大底部。

反弹时总会先回到500点附近，这是“高压电”区，短线宜先出逃，等待整理再进场。

经过了连续 2 个“二分之一”的折腾之后，当初的“严重超涨”现在已转变成“严重超跌”，价位只剩下由原来最高点起算的四分之一时，请注意，这绝对就是**“超级大底部”**了。

还记得我说过的“行情总在绝望中诞生”吗？只要运用“二分之一测底法”，我就能每一次都在大家已极度悲观或完全绝望时，大胆且信心十足地发出买进讯号。

记录显示，我最近的几项预测几乎是百发百中，没有例外。现在，就要一一来证明给大家看。

亲爱的投资朋友们，以往你们一定不相信有人可以预知行情，但我保证，只要你跟着我轻轻松松地计算一下，从今以后，你也能成为一个未卜先知的趋势大师了。

下文我将提供五个印证“二分之一测底法”的经典实例。

“二分之一测底法”实例一：油价

2008 年 6 月 29 日，油价当天正一路狂飙直指 140 美元一桶，而我在深圳举行的“A 股投资国际论坛”中发表了“油价即将崩盘”的演说，引起台下一片哗然。尤其是接下来的一个多星期，油价仍毫不留情地继续攀升，在 7 月 11 日甚至飙到了 147 美元的天价。大家对我的说法都不免抱持着怀疑的态度。

但是奇迹立即出现了，就在创天价当天，油价首度出现了令人跌破眼镜的大逆转，此后更是完全如我预测般地崩盘了。

如图所示，就是2008 年油价最戏剧化的走势图，也是“二分之一测底法”的最佳活教材。解说如下：

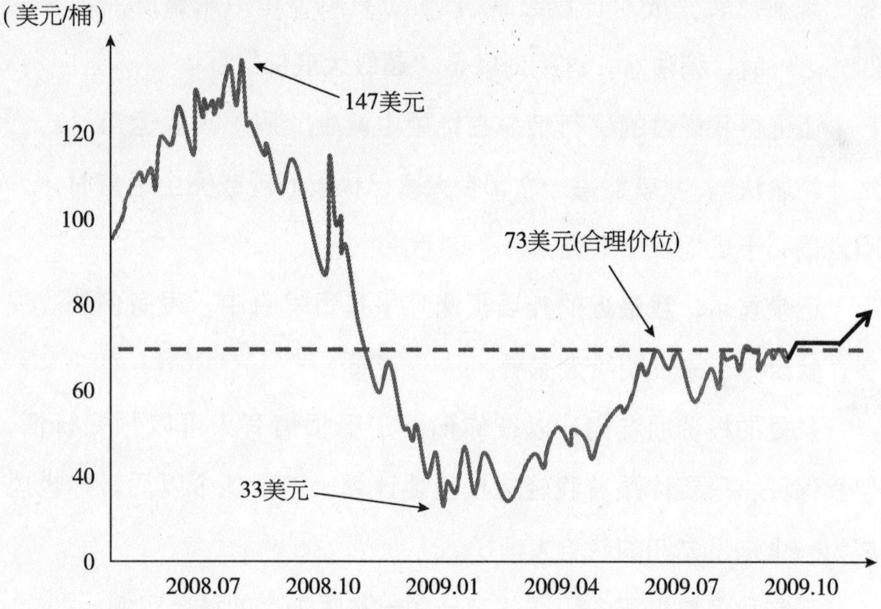

“二分之一法则”分析油价走势

（1）油价由147美元下跌，第一道须注意的关卡是110美元（147×75%）。

在《胡立阳股票投资100招》中的第85招我说过，当股价指数由高档下跌超过25%，就要注意空头行情可能已经来临，这对商品期货同样适用。

（2）当跌破110元价位之后，通常会出现一波失败的反弹。

在“100招”中的第83招我也提到，如果这个反弹无法越过前波高点（147美元），反弹波就会是“逃命波”，这将是你下车的最后机会。

（3）行情由牛市转为熊市之后，严重超涨的价格会先回调到“合理价位”。

“合理价位”在什么地方？

运用“二分之一测底法”来计算，是 73 美元（147 ÷2）。

先请注意，73 美元在未来油价触底反弹时同样会扮演关键角色。

（4）“拍皮球理论”证明，油价超涨之后又会超跌。

弹得越高就跌得越深。可怜的油价在跌破 73 美元之后，投资人的恐慌会让它贯穿“合理价位”，继续下跌。

（5）运用“二分之一测底法”，就能准确掌握底部。

底部在那里呢？没错，36 美元（73 ÷2）。

这正是为什么我一直预测油价会由 147 美元一路下跌到 35 美元的秘密。

（6）触底反弹后，会先回升到“合理价位”。

当油价在 2008 年 12 月底由 33 美元触底反弹之后，许多以前华尔街的同事又好奇地问，这次会涨到多少钱？

我毫不犹豫地回答：73 美元。

结果呢？真的就是准得连一毛钱都不差的 73 美元！油价经过了近一年的折腾，在 2009 年 6 月 30 日终于见到了过去失守的 73 美元，也就是回到了“合理价位”。

（7）回到“合理价位”之后，有 90% 以上的几率会立即出现“中期回档”，回调时间至少要 43 个交易日。

真是太神奇了！过去辛苦研究之后所得到的统计资料，在接下来的过程中完全得到印证。

你们看，油价回升到 73 美元的“合理价位”，就像是触碰到了

“高压电”，立即再出现了回调。这样的拉回整理，足足进行了3个多月，才终于挣脱束缚，突破了73美元。

这都证明，反弹过程中，“合理价位”将会是一个强制休息站，无论是大盘指数或是商品价格，在这里常都需要经过一番整理，以累积再攻的能量。

“二分之一测底法”实例二：台湾股市

台湾股市由1986年第4季首度越过千点大关之后，不过3年多的时间，创下了惊人的记录，指数大涨了12倍，并在1990年2月登上了12600点的高峰。

但好景不常，在炒汇以及炒股的国际热钱抽离后，随即出现了令人措手不及的逆转，指数仿若自由落体般的直坠而下，才短短的7个月，就一口气暴跌到2500点，转眼之间，指数就消失掉整整10000点！

出现了像这样戏剧性的暴起暴落，倘若当时运用“二分之一测底法”，就能洞悉正确的买点与卖点，逮到难得的发财机会。

（1）指数12600点直线下落的过程中，曾经在多空关键点的9500点（12600×75%）附近力图振作，但最后仍不支坠落，熊市来临了。

（2）现在就用“二分之一测底法”来计算一下。

“合理价位”是在6300点（12600÷2）。指数若落到此处有可能获得短暂支撑。

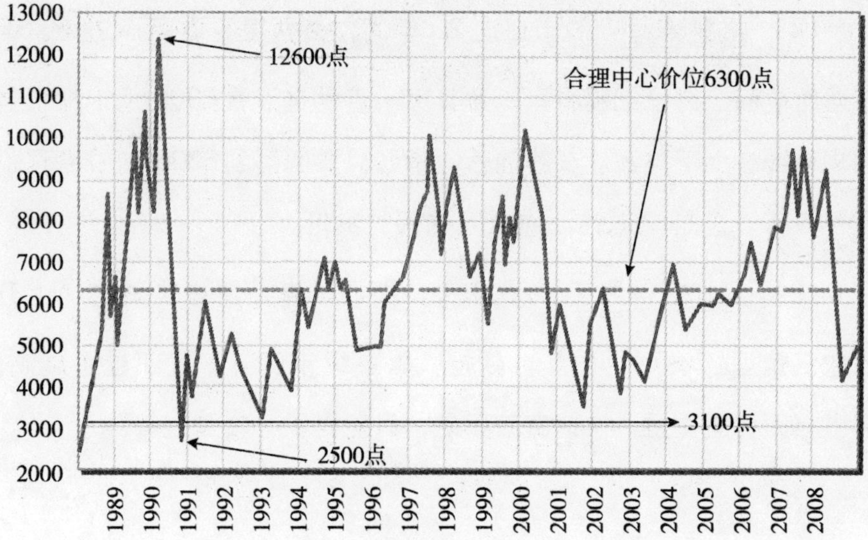

用“二分之一测底法”分析台湾股市

（3）6300 点附近果然强劲反弹，指数大涨了 2000 点。

（4）可惜又仅是空欢喜一场，严重超涨最后总会演变成严重超跌，指数再度跌破 6300 点的“合理价位”，股市开始由超涨转入超跌区域。

（5）底部深不可测，遥遥无期？

只要运用“二分之一测底法”，就能计算出 3100 点（6300 ÷2）以下，是严重超跌的“大底部区”。

（6）1990 年 9 月，也就是由 12600 点的顶峰反转而下的 7 个月后，指数真的跌破了 3100 点。

当时，投资人早已心灰意冷，有谁能听进我的买进建议?!

（7）行情总在绝望中诞生。

“超级底部”就在指数跌破 3100 点的 1 周后，是落在 2600 点附近。

(8) 重要参考：股市在这20年间，曾两度重返万点边缘，但都遇压拉回。再仔细观看，指数其实一直都是沿着6300点中枢价位的横轴线在上下浮沉。长线而言，指数只要回落到6300的“合理价位”之下，总是“送钱让你赚”的买进良机。

(9) 同样值得注意：20年来，指数一直是走在典型的“上升收敛三角型”图形之中。也就是，指数缓步爬升，底部越垫越高，但上档因卖压重重，快速突破不易，只能出现“慢牛走势”。

“二分之一测底法”实例三：沪深股市

现在，再让“二分之一测底法”来验证近2年来的上证指数。

(1) 2007年9月、10月，次贷风波吓坏了全球股市，10月中旬，上证指数也在登上了6124点的历史高点之后便开始了长达一年的下滑。

(2) 下跌的过程中出现了波段行情可能结束，右峰比左峰低的“双峰”图形。

(3) 峰底线与牛熊分界线的4593点（6124×75%）关卡相距不远，指数一旦跌破，就会更加确认行情已由牛市转为熊市。

(4) 依“二分之一测底法”，立刻计算出“合理价位”是在3100点（6124÷2）的位置。

上证指数在这边苦撑了近2个月之久才又失守，再度说明了由极高处猛然下跌，位于中枢的“合理价位”在大跌的过程中只会扮演暂时支撑的角色。

（5）上证指数若由“合理价位”再向下探二分之一，也就是 1600 点（3100 ÷2）附近，就会来到严重“不合理”的超跌价位，也是超级大底。

事后证明，上证指数于 2008 年 10 月底触及 1664 的低点时，离 1600 点已近在咫尺，接着的下面几个交易日，果然出现了强劲的反弹，底部已完全确认。

（6）反弹时，只要指数由底部上涨超过 30%，即越过 2163 点（1664 ×1.3），就可以正式跟熊市说拜拜了！

牛市又已经回来了（请参阅本书秘则 17——熊市转为牛市的三大征兆）。

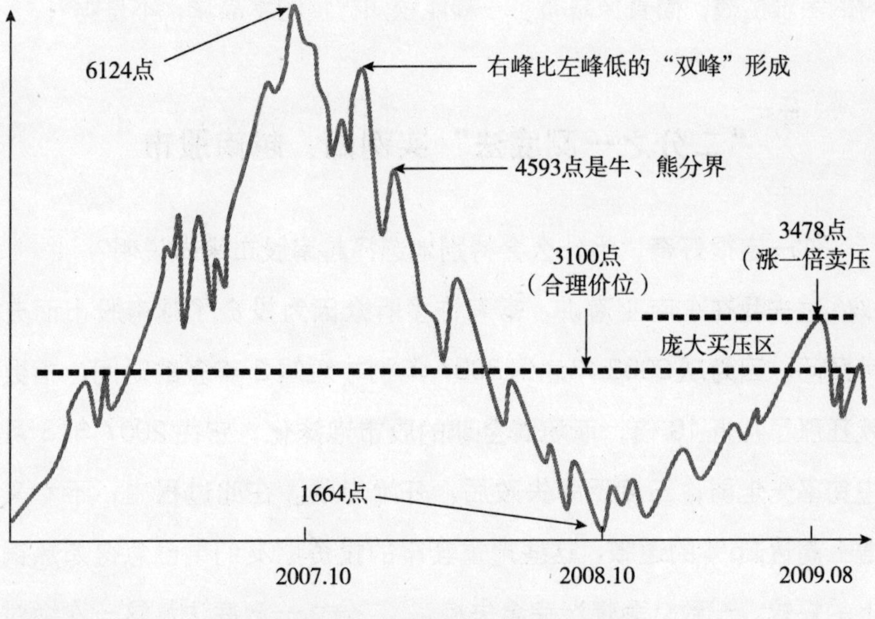

“二分之一法则”分析上证指数

（7）熊市转为牛市之后，上证指数在反弹初期会遇上的最大阻力区将落在3100点“合理价位”与3400点（1664×2）附近的“涨一倍卖压区”之间。

图中可清楚见到，指数在2009年7月冲过了3100点之后不久，仍无可避免地于8月的3478点开始展开了为期2个月（整整43个交易日）的回调，指数还曾一度拉回到2639点。

（8）回调结束后，紧接着，上证指数又将再度回到“3100～3400点”的卖压区，再次接受严酷的考验。

运用“二分之一测底法”，投资人都可以轻松计算出“合理价位”以及“底部”究竟是在什么地方，然后从容进场。将来在回升的过程中又能预知短线卖点，甚至提前知道回调所需的时间，以及后续将面对的困难挑战，简直像是有了一颗能预知行情的水晶球，不是吗?!

“二分之一测底法”实例四：越南股市

你一定很好奇，为什么会特别地选择越南股市来做说明?

过去我在东南亚演讲，常有许多听众因为投资了越南股市而充满疑问。因为从2003年底到2007年初才短短3年多的时间，指数就狂涨了几近10倍，而随着全球的股市泡沫化，它由2007年3月中旬率先走弱，三度反弹失败后，开始崩跌。在此过程中，不幸又遇上高达25%的通胀，这些严重套牢的投资朋友们早已急得如热锅上的蚂蚁，一致认为情况完全失控，“二分之一测底法”这一次绝对无法适用。

是这样的吗？就让事实来证明一切！

（1）指数由 2007 年 3 月 12 日最高点的 1170 点附近跳水下跌。

（2）2007 年的线形图出现了一峰比一峰低的“三峰”。

这比《胡立阳股票投资 100 招》第 83 招的“行情总在双峰之后落幕”，更加确认熊市已经逐渐成形。

（3）三峰的峰底位置又恰恰是落在多空关卡的 877 点（1170 ×75%）。

2007 年下半年，指数跌破这极为关键的位置之后，正式进入熊市。

（4）2008 年初，指数穿破 585 点（1170 ÷2）的“合理价位”之后，半年之内两度反弹遇阻。反弹时遇上“合理价位”，仿佛是触到一条高压电线。

（5）底部会落在什么地方呢？

绝对会是在“合理价位”下方 50% 的地方。因此，292 点（585 ÷2）以下必定就是超级大底部区。不信吗？请看下图，它会说明一切！

（6）2009 年初指数触底反弹之后，同样又是回到 585 点“合理价位”之后遇上庞大卖压的“高压电”区，出现了好久一段时间的盘整。

即使是有如坐上了云霄飞车般上天下地的越南股市，“二分之一测底法”同样适用。

原先套在高位的投资人，如果早知道了这个“二分之一测底法”的秘密，把握在“大底部区”低接摊平的机会，当然可以反败为胜。

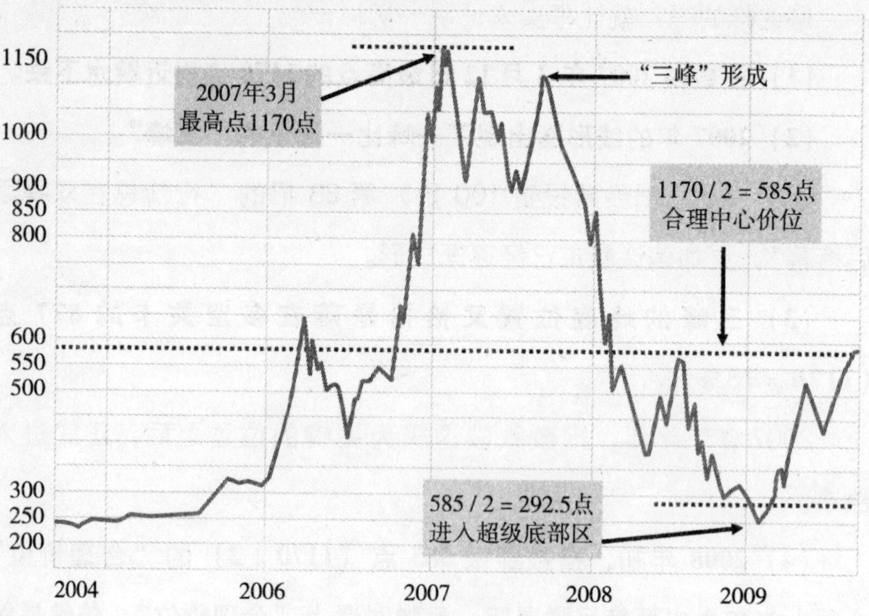

"二分之一测底法"分析越南股市

"二分之一测底法"实例五：美国纳斯达克股市

纳斯达克（NASDAQ）股市又是一个经典的范例！它不但印证了我的"六个月理论"完全正确，也堪为"二分之一测底法"的最佳教材。

还记得2000年在美国上演的那一幕网络泡沫悲剧吗？

从1999年第4季度起，只要翻开报章杂志，看到的尽是催促大家赶紧购买网络基金的广告，说得天花乱坠，有谁会不心动？

下场呢？才不过短短几个月之后的大崩盘，可是伤透了所有投资人的心。

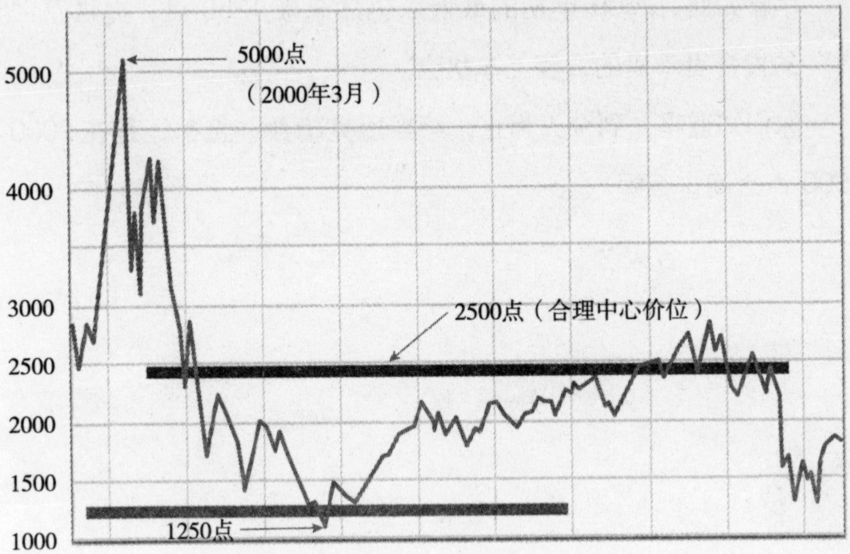

“二分之一法则”分析纳斯达克指数

纳斯达克指数由 2000 年 3 月历史高点的 5000 多点开始崩跌，在 2001 年初坠落到“合理价位”的 2500 点（5000 ÷2）之后，果然遇到了初步的支撑。但怎么上就怎么下的“拍皮球理论”又出现了，指数贯穿 2500 点之后再度大跌。一年半之后，整整拦腰一截地重摔到 1250 点附近才终于完成了修正。

倘若不知道我发明的这个“二分之一测底法”，你敢在 1250 点的底部大捡便宜？别骗人了，没有被吓得卖在最低点就已经称得上幸运了！

经过了 4 年多的疗伤止痛，指数在 2007 年初才又爬升回到了 2500 点的“合理价位”。但是，想闯关时又遇到了涨一倍的“高压电”，指数在 2500 点附近上上下下折腾了一年半的时间，最后还是被 2008 年第 4 季发生的金融海啸拖垮。

尽管如此，2009 年初的最低点仍然未破 1250 点，提供了“识货”的投资者幸运的二度上车机会。

你们知道吗，到今天为止，纳斯达克指数一直都还是在 2000 ~ 2500 点之间徘徊呢！

秘则 3

如何计算欧美股市的“合理价位”

投资人问：

您曾经精准预测，道琼斯指数由底部反弹到9800点，便抵达“合理价位”，然后将经过大约43个交易日的整理，才会再去挑战11000点的牛市下半场关卡。但我注意到，这个“合理价位”的计算方式与石油或是A股有所不同。为什么呢？

无论是大宗商品或是股市指数，当价格出现“跌半再跌半”，也就是达到七成以上的严重超跌时，想要计算“合理价位”很简单，你只要拿最高点来除以2就可以得到答案。A股与石油等等，我都是这么计算的，这也就是运用“二分之一测底法”的基本算法。

但道琼斯指数由最高峰的14200点下跌以来，虽也历经过跌半，但在跌破了7100点的中间价位之后，只再下跌不到一成，也就是在6500点左右就成功止跌，也正式结束了熊市。

像这样的情形并不符合我所说的“跌半再跌半”，因此，计算“合理价位”的方法就会不一样了。

当指数并没有出现“跌半再跌半”的严重超跌时，“合理价位”就不能由最高点来向下计算，相反的，它是由最低点向上计算，是在底部上方50%的位置！

以道指为例，9800点（6500最低点×1.5）附近就是美股的“合理价位”，指数反弹之后，一定会先来到这边。然后，从2009年9月中开始，道指在9800点附近果然是上上下下地进行盘整近2个月，在11月初才正式摆脱了纠缠，继续向11000点的下一道更严峻的关卡挑战。

再以伦敦FTSE指数来佐证，它的“合理价位”是在5200点（3500最低点×1.5）。结果指数在一路反弹之后，于2009年9月来到5200点时就像是触到了“高压电”，立刻出现回调。一直到2010年2月，指数都还卡在5200点附近进退不得。

为什么指数在反弹时，每每冲到“合理价位”或是“涨一倍”之后，接着就总是一再出现欲进还退的现象呢？

老实说，我是先由全球股市一再出现的统计结果中才惊觉有这种状况存在，至于确实的原因，将在秘则13继续探讨。

秘则 4

准确预测美股涨跌须用对方法

投资人问：

2008 年 10 月，我在旧金山听了您的演讲，终生难忘。因为当时雷曼兄弟公司才刚宣布破产不久，手中有股票的人每天坐立难安，仿佛世界末日就要到了。但老师却在那天晚上信心满满地说，美国股市将在 2009 年 3 月中旬走出熊市，重回牛市。当天，更让所有听众大吃一惊的还有，指数在 9000 多点跌跌不休，老师就已预测说道琼斯指数只会跌到 6400 点。后来美股在 2009 年 3 月中旬左右果然触底反弹，而道指在盘中最低点好像也就是落在 6400~6500 点之间。这是怎么一回事？我跟我的女友最近都有同感，听您这次的演讲简直像是在看一场神奇的魔术秀。

根据长期统计，欧美一些成熟股市当遇上利空，受冲击幅度不会像新兴市场那么激烈。指数只要由最高点下滑超过 20%，已经是重跌，也可以提前确定行情将由牛市转为熊市了。

若是遇上极重大的利空，股市由最高点平均下跌五六成就会见底。以这一次受到金融风暴冲击颇深的伦敦股市为例，FTSE 指数由

2007年10月的6730点开始下滑，一直到2009年3月的3529点止跌，总计只跌了将近二分之一（48%）就不再下跌了。

2008年的金融风暴发生之后，我便依据上述现象计算出道琼斯指数这一次的下跌极可能会落到平均值（五六成）的正中央，也就是下跌约55%便会触底。因此，当道指还是在9000多点，大家根本不知道会跌多深时，我已经提出跌到6400点（14200×45%）就是底部的预测。

结果呢？我们一起来看看。

2007年10月，道指由最高点的14200点开始下挫，一直到了我用“六个月理论”——由2008年9月雷曼公司破产后开始推算出来的2009年3月，果然出现了熊转牛的绝地大反弹。确切时间是3月9日，而正确的最低点是落在6469点。

很神奇，对吧！

我不是魔术师，只不过是参考了许多股市的历史波动规则，再运用从中得到的统计数字求得答案而已。总之，我的研究若能为你们带来信心，再辛苦都值得！

秘则 5

港股是美股与A股的综合体

投资人问：

香港某著名财经杂志最新一期的封面人物就是您，内容介绍有关您的各项测市及投资心法，我们觉得您真不愧是“亚洲股市教父”，可以把亚洲各大股市的涨跌点位都抓得这么准。恒指在18000点以及21600点上方果然先后遇上了阻力，也出现了大幅调整。您能透露是怎么计算的？同时，也想请问您对投资港股的看法，它未来究竟是会跟着美股还是A股走呢？

我总觉得港股是美股与A股的综合体，它似乎得天独厚地同时具备了两个股市的优点，经常有“涨得多、跌得少”的表现。

举例说，次贷危机引发全球股市自高档回调，港股由2007年11月开始下跌，跌幅总计约65%，虽较美股的54%多，但却又较A股的73%少。但2009年3月，它随着美股行情的复苏由底部反弹，到10月底时，涨幅已与爆发力十足的A股并驾齐驱，都是上涨了八成以上，远远超过美股的五成。

那么港股的18000点“合理中心价位”是怎么计算出来的?

这一次它与美股一样，指数由最高点下跌之后，虽然也经过了腰斩，但不久之后就触底反弹，并没有“半价再半价”。因此，港股初期的“合理价位”就是在指数最低点的上方50%地方。既然2008年3月的底部大约是落在12000点附近，将它乘以1.5倍，就能得到18000点的答案!

那么，21600这个关键数字又是怎么蹦出来的呢?

大盘在“合理价位”区域整理结束之后，一定会继续前行。前面提过，由“合理价位”起算，指数再上涨20%以后，大盘才会进入牛市的下半场，真正艰困的挑战也才会开始。

好的，18000点之后再上涨20%，就会来到21600点，这个地方是上半场的终点站，股市由此便必须与基本面开始手牵手了。由于经济发展一直是慢吞吞的，指数却冲得太快，肯定会受到牵扯而跌得鼻青脸肿。这正是我早已大胆预测“指数将在21600点上方遇上乱流，而23000点又将触到“涨一倍卖压”的“高压电线”，必须整理一段长时间”的原因。许多香港的投资朋友来信感谢，因为这次的提醒，让他们在恒指几度飙到22000~23000点时没有冲动追高，反而是一直耐心等待每一次拉回到19500点（23000最高点正常拉回5%）以下来分批低接。

对了，差点忘了回答你的重点。我认为港股的走势目前受到欧美股市的影响仍然稍大，但由于中国经济近年来的快速发展，两三年之内A股的走势将对港股的涨跌有越来越大的影响。

秘则 6

小心应付“涨一倍卖压”

投资人问：

前一阵子看电视，听到胡老师说，台湾股市即将面临“涨一倍卖压”，短线千万不要掉以轻心。记得当时有外资法人猛炒，股市几乎天天上涨，因此“老师在说，我并没有在听”。没想到，指数在几天之后就大跌了1000点。请问，究竟什么是“涨一倍卖压”？我这次一定会仔细聆听大师的指点了。

过去，我在观察全球12个新兴市场由熊市转为牛市之后的一些特殊现象时，无意间又注意到，**当指数由底部起涨点上涨了1倍之后，卖压立即会蜂拥而至。**

一开始我以为只是巧合，因为不同的时空背景，怎有可能出现相同的模式？

继续统计下去，才发现不得了了，指数遇上“涨一倍卖压”的几率真是高到惊人。

股市由底部翻升之后，即使经济再好，行情涨势如虹，但当指数大涨到1倍时，十之八九都会触碰到“高压电线”，回档整理在所难免。

快来看看最近发生的几个实例吧。

(1) A股——上证指数是由2008年10月底的1664点起涨，涨1倍就是3328点。结果指数自2009年11月中旬涨过3328点之后，仿佛是触碰到了“高压电线”，动弹不得。从那时起，一直到2010年1月中旬，整整两个月的时间内，指数五度闯关全都是无功而返，大盘只得在3328点上下50点的窄幅范围内盘整待变了。

(2) 港股——恒生指数是在2009年3月中由11344点正式止跌回升，因此，涨1倍就是22688点。你们看，恒指从2009年11月中触碰22688点的“高压电线”之后，也是连续4周闯关失败，一直到2010年1月都还在22670点附近徘徊。

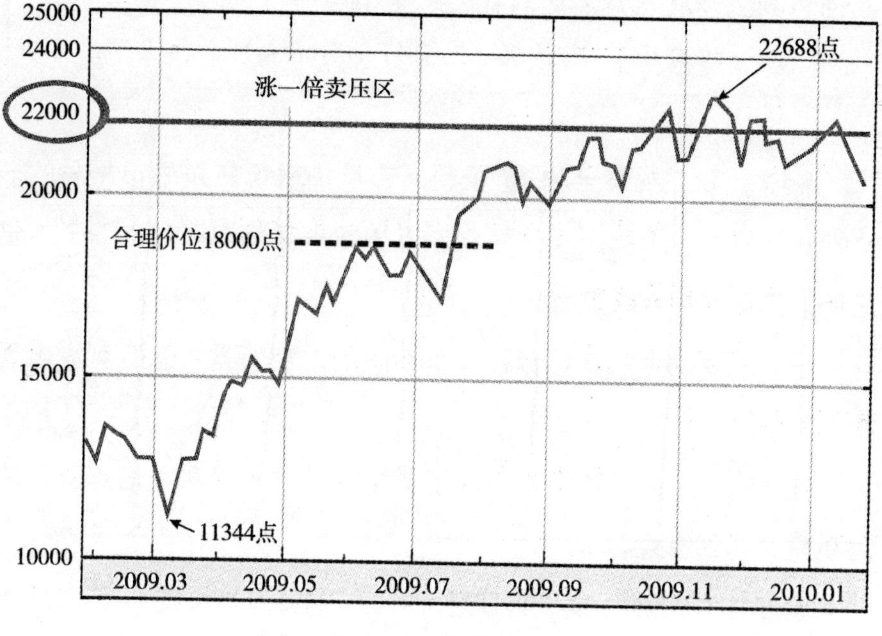

“涨一倍卖压”分析香港股市

(3) **台股**——加权指数是在 2008 年 11 月 21 日起涨，底部区是落在 4000 ~4200 点之间，那么，涨 1 倍就会是在 8000 ~8400 点的范围之内。结果，指数在 2010 年 1 月中旬一路顺风地冲到 8400 点之后，果然立刻遇上罩顶卖压，一时之间，行情甚至由多翻空，指数一周内大跌八九百点。对大多数人而言，还真不知道是发生了什么事情，也完全无所适从。但回想起来，在指数冲到 8350 点时，我已多次提出警讯。

当指数遇上“涨一倍卖压”，通常会拉回整理至少 43 个交易日，也属于“中期回调”，因此绝对不能心急。

虽说股市变化莫测，但参考新兴市场过去经常发生的一些波动规则现象，指数的涨涨跌跌一下子就变得有迹可循了。

“涨一倍卖压”，千万不可轻忽！

秘则 7

欧美股市也有“涨一倍卖压”吗

投资人问：

自从看了《胡立阳股票投资100招》之后，我对股票研究的兴趣被大大激发了。我在大学里原本就是学统计的，看到胡老师运用了这么多有趣的统计数字来研判行情的涨跌，我也希望能立即学以致用。最近，常听到胡老师在提醒大家，美国股市也同样会有“涨一倍卖压”，道指未来在11000点以上将会寸步难行。由于我也买了不少欧美基金，当然会关心美股的走势，只是道指是由2009年3月的6500点附近起涨的，涨1倍应该是要等到13000点，怎么会是11000点呢？

你的学习精神让我敬佩，务必要继续加油哦！你的问题很好，我现在就来回答。

当道指在2010年2月站上10000点时，我就已经提醒投资朋友们，10000点不是真正的关口，11000点以上才需要特别留意。

果然，在4月中，当它冲上11000点之后不久，就像是触到了高压电线，立即出现暴跌，1个月之内就跌破了10000点，让许多原本极为乐观的专家，一时都看傻了眼，只能摇头叹息了。

根据我的研究，由于大多数新兴股市的规模较小，容易大起大落，指数总是会在涨足了 1 倍之后才会触碰上“高压电线”。相较之下，欧美股市的“体积”庞大，上下振幅也就稍小，**指数平均只要由底部上涨超过七成，就会提前进入“涨一倍卖压”区**。当然，在这时才后知后觉地去进场追高，套牢的风险就增高了。

我们先来回顾一下，这次道指是由 6470 点起跑，涨了七成之后不正是 11000 点吗？

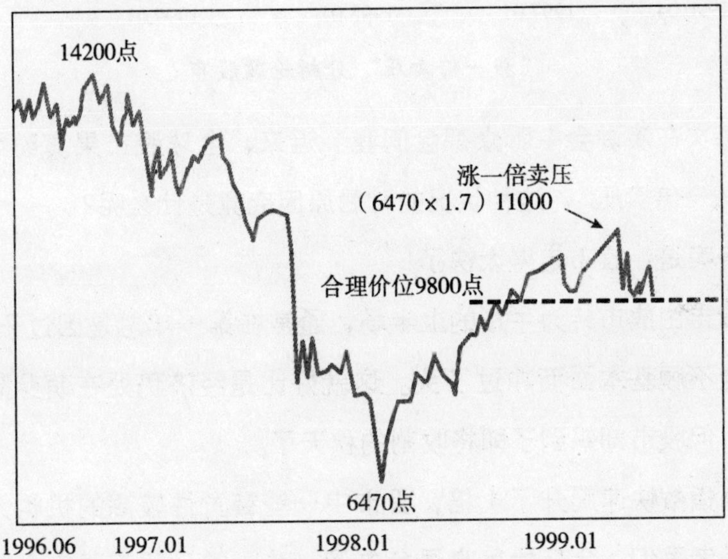

“涨一倍卖压”分析华尔街股市

再来看看伦敦的 FTSE 指数，它也是在 2009 年 3 月初由 3500 点附近起涨的，一路冲到了 5800 点附近才撞上了“铁板”。你们算算看，是不是也涨了将近七成。

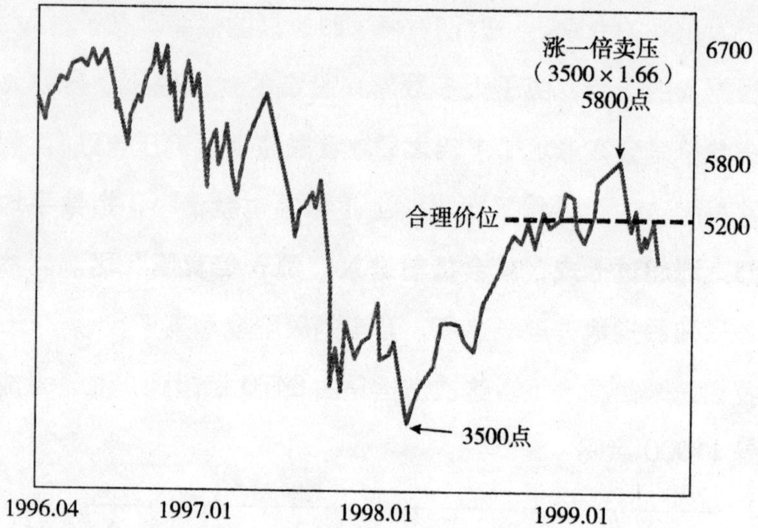

“涨一倍卖压”分析伦敦股市

每次在演讲会中听众都会问我：近来，全球股市果真纷纷出现了“涨一倍卖压”，这种状况的背后原因究竟是什么呢？

答案是：股市走得太快了！

股市由熊市转为牛市的上半场，通常在第一年总是因过于兴奋，会完全不顾基本面而冲过了头。这就好比是经济仍处在萌芽阶段的春天，但股市却飙到了即将收割的秋天了。

当指数快速爬升了1倍，股市中一些警觉性较高的机构大户或是投资老手们，会开始居高思危先溜一步，常只留下了完全不知道将会发生什么事情、却仍在一头热的散户。

现在，你们了解了吗?!

秘则 8

“假通胀”造成“真衰退”

投资人问：

胡老师好！我长期关注着您的许多论点，发现您的预言非常可靠，简直是先知先觉。其中，我印象最深刻的是，您说过的“假通胀”会造成“真衰退”。因为在当时还从未听过有人提出这种论点，而事后经济的发展状况也正如您所料。请问，您的灵感都是从哪里来的呢？

大家还记得2008年的上半年吗？全世界的人都正随着油价的高低起伏而感到心情七上八下，当时最怕听到的名词就是“通货膨胀的时代恐将来临”。但我在2008年6月深圳举行的“A股投资国际论坛”以及2008年11月上海的“国际金融博览会”中，都曾大声疾呼，小心“假通胀”会造成“真衰退”！

原因是过去的几年我到世界各地演讲，了解到各行各业的情形其实有如一潭止水，而全球大多数人在过去5年甚至8年中，薪水都没有增加。工资没涨，但股价、房价却节节飙升，原物料、大宗商品以及油价更是个个涨翻天。

处在这样了无生气的环境下居然还能蹦出了“通货膨胀”，这不是很奇怪吗？我进入华尔街已经超过30年了，还从没见过类似的现象。

让我先来告诉你，通货膨胀是怎么造成的？根据经济学的理论，是有以下两个原因：

（1）需求拉抬（Demand Pull）；

（2）成本推升（Cost Push）。

但是，过去这些年来，各地的经济发展并没有看到这样的现象，于是我发现，造成这波通货膨胀其实是有一个新的原因——**资金无处可去之下的集体炒作！**

为什么会出现炒作的行为呢？因为过去这几年全球经济一直冷飕飕的，大都处在低利率状态，大家觉得把钱存在银行里毫无赚头，只得寻求其他的投资途径。

从欧美开始，脑筋动得快的金融圈嗅到了商机，立即大量吸收游资，抢进股市、房市以及外围金融商品。一下子，各种私募的、公募的基金，合法的、公开的、地下的、私底下的资产管理、代客操作，都如雨后春笋般冒了出来。

终于，一些冬眠了一段时间的“投资银行家”又醒过来了。过去由于不景气，他们推出的传统商品总是乏人问津，现在，为了争食大饼，铤而走险地拼凑出各种光怪陆离的“衍生性金融商品”，例如次级房贷之类这些看起来漂漂亮亮的商品，很多根本就是裹着糖衣的毒药。

泛滥的资金加上诱人的金融商品，全民参与的金钱游戏就从

2003 年起如火如荼地由欧美开始蔓延。

连续几年，地球的上方，每天都有数以万亿计的美元像翱翔空中的秃鹰在寻找猎物。所以，全球各地一些没有实质 GDP 支撑的股市转眼间翻上几番，毫不起眼的房市也跟着飙个三五倍也就不难让人理解了。

2007 年 10 月发生的次贷风波，第一次暴露出投机气氛已经达到沸腾，但是并没有为投机者带来丝毫警示，炒作的资金只不过是转移了目标，转向了石油及大宗商品。

于是，热钱过境，石油在 2008 年元月冲上每桶 100 美元之后仍然高烧不退。但是大家都知道，高油价会引发通货膨胀。终于，全世界开始紧张起来。

显然，这个在苦哈哈的经济环境下所逼出来的通胀，是由“假性需求”所造成，它与过去大家因为有钱挥霍所引发的传统通胀完全不同，因此我称它为**“假通胀”**。

“假通胀”纯由资金炒作而成，并没有生产过盛的实质问题，原本只会是虚惊一场。但很遗憾，一般民众完全不了解这个道理。由于害怕，马上就会想紧缩消费，这么一来，就非常有可能出现我所担心的**“真衰退”**了。

所幸，历史记录显示没有严重的通胀在先，就不会有随后可怕的经济衰退。因为“弹不高，就落不深”！所以，我才又大胆地说，如果衰退真的来了，不但不会恶化，也会很快结束。

2008 年的下半年，全球先是出现了“假通胀”，接着果真又引起了“真衰退”。我的预言竟然一件一件、活生生地发生了。

再看 2009 年，哪有什么大萧条？而衰退也如我所料，仅是一晃而过。于是，大家暂时摆在枕头下的资金又开始忍不住想溜出来了，股市、房市再度狂飙，三两下就几乎重回到金融海啸前的高点。

全球经济在一年之内历经神奇之旅，它由莫须有的通胀到衰退绕了一大圈，最后又回到“不死不活”的原地。只是，根本问题真的解决了吗？我也只能苦笑了。

秘则 9

“煽风效应”制造发财契机

投资人问：

胡老师，前一阵子报道说您在华尔街演讲，除了再次强调“假通胀果然造成真衰退”之外，又发表了一个全新的名词叫做“煽风效应”。您说，现在的“煽风效应”已经取代了过去的“蝴蝶效应”，因此，2009 年的衰退绝不会持久。这个论点一出，立刻引起现场热烈的讨论。能与我们分享一下吗？

自 2008 年发生金融风暴以来，一直有不少大师级的经济学家异口同声地表示，这可是百年难得一见的严重危机，接下来它就会像是 1930 年代美国的大萧条一般可怕，复苏之路更是遥遥无期。

一时之间，各方极度悲观的看法如排山倒海而来，令人感觉世界末日就要来临了。

我很惊讶，竟然有经济学家会拿美国在 1929 ~1933 年所发生的经济大萧条来与这次的金融风暴相提并论。难道他们不知道，在那个年代信息传播的速度很慢，有如“蝴蝶效应”一样，等到大家经过一段时间后才搞清楚究竟是发生了什么事情，通常麻烦已经不可收拾了。

过去我们所知道的“蝴蝶效应”是指，一只在巴西亚马逊河的蝴蝶振动双翅所造成的气流，经过一段时间之后，可能会为美国德州带来龙卷风。它的意思其实是强调，一个小事件经过漫长时间的酝酿发酵之后所引发的严重后果。

但是今天，各类传播媒体如此发达，网络科技又已很了不得，在天天轰炸式的、夸大的报道下，一夕之间就会推波助澜地产生**“煽风效应”**。由于短短时间内就已人尽皆知，大家一定都会有心理预期，而采取各种应对措施提前防范，原先害怕的事情也许就根本不会发生了。

举例说，2008 年第 1 季油价正在飙升，媒体纷纷危言耸听地报道，高油价时代将正式来临，还扬言说，原油将会涨到 200 美元甚至 300 美元一桶。但事实证明，一切都只是虚惊一场。

你们看，原本只是在溪边钓到一条小鱼，经过一阵煽风点火之后，竟然吹嘘成了“怒海擒白鲨”！

至于雷曼公司破产的消息，第二天一大早就上了全世界报纸的头条。美国这边拨一拨水，就可以演出一场“金融大海啸”闹剧。但正因为媒体的不断大力炒作，全球都早有预警地先做好了应对准备，梦魇也就不会发生了。

有了“煽风效应”，全球畏惧的“金融海啸”肯定只会是**雷声大、雨点小，来得快、去得快**！这也正是我敢在 2008 年 10 月便断言，美国的经济很快会在 2009 年底以前就走出阴霾的原因。

现代人理财，必须懂得学会运用“煽风效应”。

遇上经济危机，要懂得逆向思考：只有在大多数人莫名恐慌时，你才能在股市以及房市中捡到意外的财富。因为这表示一旦有“煽风”消息，“发财”效应可能就会随之而来了！

秘则 10

没错！股市才是经济的火车头

投资人问：

前不久，网上看到您的一篇文章令我大吃一惊。您说，要救经济就必须先救股市！我是个学经济的，以前在学校时书上都说，经济是带动股市的火车头，应该先救经济才对吧，否则股市怎么好得起来呢？

大多数人都认定，除非经济转好，否则股市绝无希望。也就是说，股市是被经济牵着鼻子走的，它只不过是反映经济的一面橱窗而已。

但根据我过去30多年来在工作中的实际观察，股市总是在经济仍然一片低迷时，至少提前6个月便节节上升，然后慢慢的，经济才会开始复苏。这说明了**股市才是拉动经济的火车头，必须先有出色的股市行情，接着才会有像样的经济表现，千万不要本末倒置了！**

我的这种观点总是会把一些顶尖的经济学家给气坏了，但这确是事实。

2008年9月，雷曼公司倒闭，为了防范经济受到伤害，美国率先采取低利率政策，全球也立即跟着宽松货币，希望因此能拯救投资与消费。但我认为，这根本是绕了远路，而且没有对症下药，因为市场缺的不是资金，而是信心！

光靠降息绝对无法快速刺激消费，因为，对已如惊弓之鸟的大众而言，只有在欣欣向荣的股市中让他们真正又开始赚到钱了，才能治愈“忧郁症”，才能拾回信心，也才能再度燃起他们的消费及投资意愿。

2009 年初，在金融海啸才不过发生了 3 个月之后，全球股市已经因跌深而先后展开强劲反弹。几个月之后，拜股市之赐，世界各地纷纷传来经济复苏的喜讯。

没错！影响经济兴衰的正是股市，股市才是真正的火车头！

你一定有满腹的疑问，经济还在谷底阶段，股市要靠谁来拉拔呢？

当股价反应过度，暴跌到一定程度，无论是散户还是大户，都会心疼到卖不下手，接着会微妙地产生出与股票共存亡的决心。同时，早已不满股价偏低的公司，纷纷宣布将开始逢低买回作为库存。卖盘缩手，买盘激增，股市自此就再也跌不下去了。这说明了股市由底部出现绝地反弹的第一阶段，纯粹是技术性的跌深反弹，完全不用靠经济来催生。

结论是，有健康的股市，才能让消费者产生信心。当全球的经济与股市正双双陷入泥沼之际，与其绞尽脑汁地欲想出一些方法来面面俱到地挽救经济，不如改走近路，提出具体且可行的稳定股市方案。毕竟，想救经济必须先救股市！

秘则 11

2010年全球经济将呈现“爬窟窿”式复苏

投资人问：

前几天看电视，听到胡先生说，未来全世界的经济将还是会不断地从一个一个的窟窿中爬出来。我还是第一次听到这种说法，很好奇。可以请您再详细说明一下吗？

自从2008年第4季度发生了金融海啸之后，果然是“雷声大、雨点小”，“来得快、去得快”。才不过短短的半年，全球各地就纷纷宣布经济已经触底，各大企业也频频报出了优于预期的营收成果，这跟过去发生的大萧条哪能相比呢。

2009年年中以来，一直有专家在为全球经济将是出现V型亦或是U型式的复苏争论不休，似乎对未来的经济仍怀有美丽的憧憬。但我却认为绝非如此！为什么呢？想知道答案，就必须先回到金融海啸前，甚至更往前推，回到七八年前的起始点。

在那段期间，欧美的股市与房市虽出现了倍数的成长，但那其实只是虚胖而已，主要是那些不满足于低利率而窜逃出来的游资所吹出来的大泡泡。

为什么会存在低利率的现象？这就反映出产业需求低迷，因为经济已经长期陷于不冷不热、不死不活的窘况。

因此，大家现在寄望的经济复苏，顶多不过是先回到过去一滩止水的原地而已，哪有可能出现一飞冲天式的 V 型或是 U 型的反转呢。

如果用图形来说明，我认为用“窟窿”型（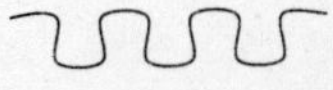）来表达最为恰当了！怎么说呢？就像是在一个有如一潭止水的经济平面上，陆续出现了一个又一个、大大小小的窟窿——因一些不良衍生性金融商品所引起的次贷风波、炒高油价所引发的衰退、雷曼倒闭所导致的金融风暴、冰岛破产、迪拜债务事件、希腊债信危机……**经济虽然逃过了大劫，但仍不得不一次又一次地从这些窟窿中挣扎出来，然后再次掉入新的窟窿，就这样无止境地循环。**

我想要说，别奢望全球经济能在一夕之间由丑小鸭变成白天鹅，它没有这种神奇的能力。

美国带头实行低利率政策，原本是为提振生产、刺激经济。但目前全球利率似乎像是一起睡着了般的毫无动静，说明了经济发展仍然乏善可陈，企业普遍不急着扩充生产设备，因此，想要真正的繁荣，未来还有漫长且崎岖的路要走。

好的，可以下一个简单的结论了。

美国甚至全球主要股市、房市自谷底反弹以来，已经涨得太急、太猛，才不过短短的一年，我又嗅到了炒作的味道，被超低利率逼得到处流窜的热钱，似乎又要开始兴风作浪了！

在2010年，尤其是下半年，我们还要注意观察，因资金泛滥所造成的假性通胀是否会卷土重来。倘若成真，投资人对于油价、原物料以及大宗商品价格旧戏重演般的再次飙升，最好要有心理准备。

秘则 12

全球资金将奔向“四高一低”

投资人问：

我在2008年下半年才入市，本想股价已低，可以捡个便宜，但受全球股灾影响，手中股票仍处于套牢状态。有一天，见到胡老师在一篇专访中谈到，“全球股市正进入冬眠，但A股将早睡早起”，立即放心了一些。胡老师还强调，由于拥有“四高一低”的优势条件，未来十年，全球经济与股市的希望将会是在中国。这更加强了我长期投资的信心，非常感谢！

最近，在许多电视节目中，我最常被问到——未来全球最佳的投资机会是在哪里？仍然是深受喜爱的金砖四国（BRIC）？还是近来脱颖而出的另类选择——VISTA五国（越南Vietnam、印度尼西亚Indonesia、南非South Africa、土耳其Turkey、阿根廷Argentina）？

我的回答是：想赚钱，就必须跟着资金走！因此，只要掌握全球投资型资金未来的流向，就能立即得到正确的答案。

金融海啸之后，为了分散风险，原本长驻欧美、来自全球的投资型资金纷纷计划另谋出路。在亲自拜访了至少5家重量级的资产管理公司并进行了解之后，我认为，全球资金会积极寻求具备**“四高一低”**的另一个投资环境。

我所谓的“四高”，指的是：

（1）高经济成长的GDP；

（2）高成长的内需市场；

（3）高证券投资收益；

（4）高本币升值潜力。

至于“一低”，则是：**低通货膨胀的CPI。**

“四高”容易理解，但“一低”则必须加以解释。

依我研究：只要CPI（消费者物价指数）能控制在GDP（国内生产总值）的**一半以下**，就符合了“低通胀”的条件。

举个实例，倘若中国2009年的GDP是8%，那么CPI只要是在4%之内，就是在低通胀的范围，这种通胀我也称之为“温和的通货膨胀”。通常，温和的通胀对房市以及股市不但无伤，反而会有正面助益。

好的，综观当今世界经济局势并加以比较，中国完全拥有“四高一低”的条件，这也正是为什么我一直认为未来中国将在世界经济舞台上长期担任主角的原因。

在股市方面呢？沪深股市未来的发展具备了一项超级优势，那就是投资人口仍有广大的增加空间。以目前开户人口数尚仅占总人口数的10%来看，未来3年增加至15%的潜力极大。依我估算，在牛市中，每增加 1% 的开户人口，可以推升上证指数至少 500 ~700 点，仅这一点，全球其他股市可能都只有羡慕的份了。

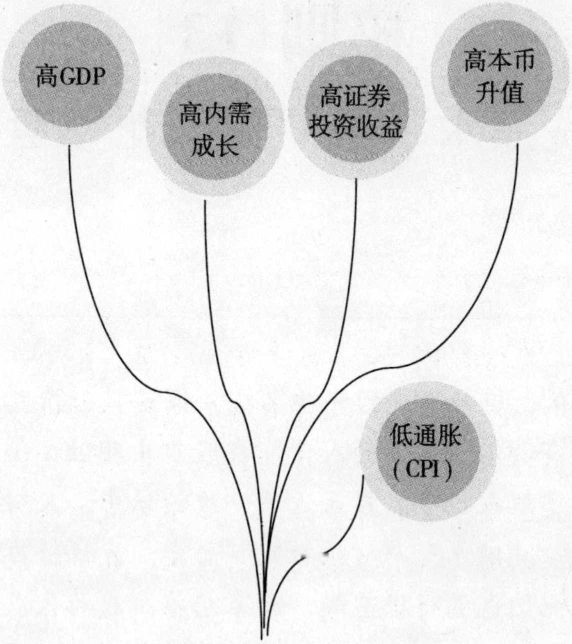

金融海啸之后，竟又出现了欧洲债信危机，未来五至十年，全球投资型资金将陆续移居至吻合上述“四高一低”条件的理想环境。

秘则 13

“洗澡水”与“爆米花”哲学

投资人问：

我好喜欢胡老师说的一些名言，像是：行情总在绝望中诞生、只有“不正常”的人才能在股市中获胜……老师，您真的是太了解人性了。在最近的一次论坛中，又听到了您的很经典的“洗澡水”与“爆米花”哲学。我说给办公室的同事们听，他们也觉得很有趣。大家想推派我为代表，向老师再确认一下，“洗澡水”是适用于下跌时，而“爆米花”则是用在大涨时，对吗？

当行情连番暴跌时，请记得“洗澡水”哲学。

当行情全面暴涨时，别忘了“爆米花”哲学。

行情原本已低迷不振，却又突然出现连续性的单日大跌，投资人个个惊惶失措，最后会因按捺不住而含泪与手中股票说再见。

在这里，要与大家分享一个我在演讲会中提到过的“洗澡水”哲学。

回家放掉一缸“洗澡水”，你就知道股市是否已来到波段底部。

快来一起想象一下，当你舒舒服服地泡完澡，起身要放掉一缸洗澡水了，于是你把塞子拔掉，洗澡水开始流失。但你可曾注意，这时的水面只不过稍现涟漪，事实上，底下已是暗潮汹涌。等你看到水面出现漩涡，水即将放光，就快见浴缸底了。

将这个场景换到股市中：行情在下跌的初期，往往只是进一步、退两步的盘跌，投资人总是不以为意，毫无警惕。等到股价开始出现连续暴跌，也就是看到漩涡的时候，大家才惊觉不妙，接着就会一起卖在底部。

请随时提醒自己，即使行情只是出现小小状况，都要提高警觉，随时准备做出“先跑一趟”的决定。拖到最后才恐慌地卖出，肯定会让你吐血！

用微波炉做“爆米花”，你就知道行情是否已经过热。

在正常的波段行情中，当类股轮番大涨一波之后，接着不久，就会出现个股全面喷出的美丽景观了。置身其中，很难不让人热血沸腾，就想把手中的钞票立刻全都换成股票。

在这里，就不能不提醒各位一下“爆米花”的现象了。

你用微波炉做过爆米花吗？当个股由东一只、西一只的轮流涨停，增温到劈里啪啦的全面爆开时，别不信邪，会让你套牢的波段高点绝对已经不远了！

再三提醒自己，该大胆买进的时候若是裹足不前，等到在兴奋之下才去匆匆买进，肯定会让你痛心。

秘则 14

每天兴奋计算账户总值——行情到顶

投资人问：

敬爱的胡老师，您每天一定接到成百上千的读者来信，辛苦了。我有一个问题，还望您能够在百忙中解答。最近两年，每当我买对了一只股票，也见它连续上涨了好多天，既高兴这个月多了一笔意外之财，却也同时懊悔买得太少。谁知道，每次一有这个念头，不久之后股价就会反转而下，变成空欢喜一场，灵得很。这是怎么一回事啊？太奇怪了！

当股市中洋溢着欢乐的气氛，你也开始每天在兴奋地计算股票账户总计增值了多少，并且非常自责当初怎么没有多买一点时，股价肯定已经静悄悄地爬到了山顶边缘。

你有过这种经历吗？一定有！

过去，我们在华尔街的客户，遇上股市一阵急涨之后，个个眉飞色舞，快乐得不得了。

大家纷纷计划要如何痛痛快快地来挥霍一下：是买套梦寐以求的名牌西装先犒赏自己一下？还是摆上一桌龙虾鲍鱼宴，好好向亲朋好友炫耀一番？有些人甚至派头十足地开始看车、看房了。

还有，他们开始向我抱怨，当初怎么会买的这么少，根本就应该多买一点的嘛。

当这种气氛弥漫时，股市肯定是处在高档，行情也即将反转，你如果毫无警觉地还在做着甜蜜的发财梦，小心到头来会是一场空！

我说过的——**行情总在编织美梦中结束！**

不是吗?!

秘则 15

不再关心股价——行情见底

投资人问：

2009年初，我和老公常起争执，他总是骂我，行情这么烂，怎么还在花那么多的时间看盘。我看过您的“100招”，里面有一招是说，在下跌时还会认真看盘的人才是真正的高手。我就是在低档的那段时间，陆陆续续地买进了几只股票，后来果真赚到了钱。胡老师，真是太感谢您了！

当股市一直表现不佳，你也由一开始的生气转为根本不再关心股价，对行情已经完全死心时，股市肯定静悄悄地来到了谷底。

你有过这种经验吗？一定有！

我注意到，股市在初期下跌的阶段，大家心情绝对不佳，不少人甚至会忍不住的破口大骂。

其实，这都表示你还在关心股市并且心存希望。

随着行情长期一蹶不振，你的心情早已“跌停板”，也很久没有去查看股价了。当我们的投资顾问与客户联络听到的总是——“没事就不用再打电话来了！”这种情况发生时，股市肯定已不声不响地进入了底部区域，随时都会出现触底反弹的大行情。

我曾经说过——**行情总在绝望中诞生！**

不是吗？！

秘则 16

岸边看海，波涛汹涌；高空看海，风平浪静

投资人问：

胡老师，我觉得好可惜，因为到最近才第一次听到您的演讲，事后一直在想，如果早点知道“二分之一测底法”，岂不就能买在最低点，然后又可以在“涨一倍”的时候卖在最高点了。唉！现在才发现，做股票是要有方法的，只是知道的太晚了。过去在股市中，我就是个您所说的“正常”人，每次都是高买低卖，恰好走反了方向，难过啊！对了，我现在正试着只做长期投资了，但每天面对忽涨忽跌的股市，要如何才能做到心平气和呢？以后有机会还想再去听您载歌载舞的精彩演讲，充实更多的知识。

谢谢你的肯定与支持！我想说，只要愿意学习，你很快也可以变得“不正常”的，别难过了！还有，股市每隔一段时间总又会疯狂地出现令人感到绝望的时刻，懂得了我教你们的这些操作法则，永远都会有派上用场的机会。

说来有趣，在以往每一次的演讲会中，各地的投资朋友最关心的都是：下一次股市的大涨会在什么时候？但自从我公布了“跌半再跌半”的底部确认法之后，大家却开始问我：还有机会再碰上一次金融海啸吗？股市下一次大跌还要等多久呢？真等不及了！

你看，这是不是有点“不正常”了？

但是恭喜大家，因为在股市中只有“不正常”的人才能做到与大多数人背道而驰地买在低点，也才能成为赢家。

由金融风暴引发的股灾，再一次为全球投资人验证了铁的事实——最佳的买点总是静悄悄地出现在最令人感到绝望的时刻。

2008 年底，当我苦口婆心地在全球各地大声建议把握投资良机时，大多数人仍然认为代表经济复苏的燕子还未飞来，即使眼睁睁看着股价扶摇直上，却仍在痴痴等待，坚持不愿进场。

记得当时我还说了，有一天，当确定春燕飞来了，捷足先登的老手们早就已经喝完了三大碗的燕窝，抹抹嘴准备离席了。事后的发展，唉！不正是如此吗？

好的，想做好长期投资的朋友们，快来看看我特别为你们绘制的股市、经济、投资心理关系图吧。

你瞧瞧，“正常”人在股市触底反弹的最重要时刻总是踌躇不前，他们非要等到“燕子已经飞到家门口”了才敢进场，于是，一次又一次“精准”地买在最高点。

至于在投资的过程中，许多投资者又常会犯什么样的错误呢？

大量观察股价线型图，你会发现，当低档买点出现后，总是要经过一段漫长时间，真正的卖点才会来临，其间过程虽然曲折，但大多不会改变行情的前进方向。讽刺的是，一批又一批的投资者因为缺乏等待的耐心，总是坐立难安，在曲折的过程中就等不及地自我宣布“游戏结束”了。

对照股市走势与投资心理变化图可以更清楚看出，股市的上升趋势其实丝毫未变，但投资人总喜欢编造出各种理由来自己吓自己，以至于一路跌跌撞撞，即使是在牛市中也照赔不误。

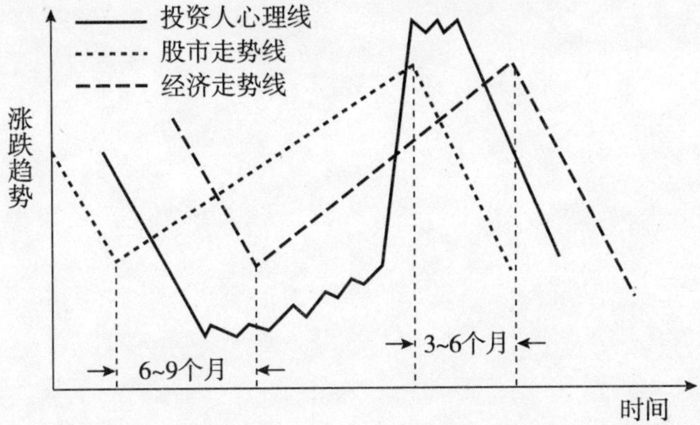

股市、经济、投资心理关系图

“正常人”在股市中往往用情太深，受不了股价忽涨忽跌的折磨，每天都是精神紧绷，长期投资往往造成长期痛苦。

要知道，全世界都没有天天上涨的股市，股价涨多了拉回修正个 10% ~15% 都极为正常，要沉得住气！遇上莫名其妙的暴跌，更要冷静，只要支撑行情的大环境没变，就别自乱阵脚。我必须要求大家，在长期持股的过程中，每当感到心浮气躁，要不断默念——“岸边看海，只见波涛汹涌；高空看海，一片风平浪静”！

我的这句话已经逐渐在许多股市中流传，继“行情总在绝望中诞生”之后，又快成为另一个重要名言了。能得到大家的认同，真的感到高兴呢。

亲爱的朋友们，既然决定要长期投资，请千万记得，**在买进股票以后，不要天天随着起起伏伏的股市起舞**。相反的，必须冷静地保持一段安全距离。只有这样，才能同时带给你健康与财富！

秘则 17

熊市转为牛市的三大征兆

投资人问：

上周连续在好几个电视台的节目中听到胡老师一再强调，全球大多数股市已经正式由熊市转为牛市，并且呼吁大家千万别错过难得的财富重分配机会。在大多数专家仍坚持这个行情只不过是个熊市反弹时，请问大师您为何如此信心满满？还有，您的“100招”我看过至少10遍，已经会背了，其中有“牛转熊”的征兆，但却偏寻不着“熊转牛”的状况，请老师指点迷津。

在熊市的漫长过程中，每次股市只要一出现反弹，许多人就会乐观地认为底部到了，结果是一再地失望。

大家必定希望牛市能快快再开始，但要怎样才知道“牛”又回来了？

经过我长期的追踪统计，牛市来临的三大初期征兆是：

（1）指数由最低点反弹超过30%；

（2）行情在接着的3个月之内对一连串的利空毫无反应，仍然

是出现大涨小回的模式；

（3）技术分析图出现“月线连三红”的线型。

遇上一轮上涨，投资朋友们不妨根据上述的三大原则一步一步地接着观察，就能确知熊市是否已经默默地转为牛市了。

另外，根据我对全球12个主要新兴股市过去25年来走势的观察，还有一项发现：熊转牛的初升阶段，指数经常由最低点一口气反弹至少50%才会进入初期的小卖压区域，大盘因涨多而出现10%~15%的拉回极为正常。即使是出现超过20%的中期回档，也根本不用害怕，整理时间长度平均是43个交易日。

最后，投资者都很关心，在牛市展开的初升段如何选股？

我的建议是：

（1）小型低价跌深股——股价跌深就是最大的利好。

（2）转机股——去年赔钱今年可能转亏为盈的潜力股。

（3）落难绩优股——在熊市中因恐慌而被错卖了的优质股票。

在股市由空翻多的初升段，切记，要当机立断地去追买那些率先反弹而且表现突出的个股；在“无基之弹”的初升阶段，可以暂时不看业绩，先赶紧找到跑得快的千里马！

秘则 18

牛市展开后的两大必经阶段

投资人问：

自从2008年底股市转为多头之后，有整整一年的时间，我几乎是买什么赚什么，操作上称得上是得心应手。但就在最近，我发现情况有些不同了。指数虽然还在上涨，但我手中的股票却毫无反应。大家不都是说现在还是在大多头行情里面吗？怎么我的股票全都开始让我赔钱了呢？是哪个环节出了问题，我现在又该如何做呢？请胡大师在百忙之中给予指点。

牛市的第一年常会表现得很好，也最容易做。特别是一些过去跌得很深的“鸡蛋水饺”低价股，常会出现令人喜出望外的倍数式大涨，买到它们的人个个津津乐道，大家摇身一变都成为专家了。

只可惜好景不常，当股价涨了一大段之后，麻烦就会接踵而来了，个股之间开始出现明显的分歧走势，“几家欢乐几家愁”的气氛逐渐在股市中弥漫。

想知道原因，就必须先了解股市由熊转牛之后的“大自然现象”。

牛市展开后，会经过两大阶段：

（一）与基本面完全脱钩的“无基之弹”

当股市进入不合理的严重超跌区域之后，压抑已久的股价随时会出现火山爆发式的反弹，这个由底部强烈反弹的第一阶段，是与经济的基本面脱钩的，它完全是一种股市的“大自然现象”，因此，我将它称之为“无基之弹”。

股价在这个阶段由于可以无牵无绊地“自助游”，将度过一段最快乐的时光。

“无基之弹”可以维持多久呢？若能同时达成以下两项条件，便能百分之百确定。

（1）由于股市总是走在经济前面 6～9 个月，因此快乐“自助游”的时间至少会超过 6 个月。

（2）指数由底部反弹以来已大涨 1 倍。

且让我们参考一下台湾股市过去的走势，以便验证：

加权指数从 2008 年 11 月 20 日触底反弹以后，一路直冲而上，一直到了 2009 年 6 月，才首度出现 15% 的大幅回档，指数是由 7100 点急跌至 6100 点附近获得支撑。仅以时间长度来看，反弹即已超过 6 个月，符合了第一项的条件。

但是，因指数还没有爬升到“涨一倍”的 8400 点，“无基之弹”仍有延续的机会。

终于，2010 年 1 月下旬，指数触及了 8400 点边缘，“无基之弹”正式结束。

（二）以实际经济状况作为依据的“有基可循”

结束“无基之弹”之后，股市就要归队了，它必须再度与暂别了一段时间的经济手牵着手同行了。此时，指数若已跑得太快，实体经济却仍远远在后，就会产生拉扯效应。还以台股为例，1 月底、2 月初，指数结束“无基之弹”之后，随即出现了 1000 点拉回，就是在说，大盘必须调整脚步，停下来休息一段时间了。

在整理期间，正是投资人可以换股操作的最佳时机，赶紧换掉过去一直仰赖“无基之弹”却毫无基本面的高市盈率股，然后趁拉回换进跌深但具备“有基可循”条件的新标的。

这些都是过去股市在行进间必经的过程，只是很少有人注意。现在经过我的提醒，以后你在进出之间就会更有依据了。

秘则 19

“中期回档”结束的四大征兆

投资人问：

胡老师好！我是个用功的股迷，每天都在寻找新的投资知识，我认为胡老师的一些观点真的是很另类又很有趣，过去从来都没有听人说过，难怪常常会在媒体中见到对您的专访。2008年8月，您说A股这次的“放暑假”休息将持续43个交易日。当时觉得这只不过是玩笑罢了，有谁能事先预知回调时间呢？结果可玄了，10月9日那天，也正是43个交易日之后，指数开始出现一连串大涨，股市果然准时“开课”了。不得不说声佩服！现在终于学到了“遇上回档，万万急不得，要多等等”，套一句老师说的话——买得早，不如买得巧啊！

遇上回档，指数若只下跌10%～15%，都属于正常，不用过于担心。但是，若由高点下滑之后的跌幅超过了20%，那就必须注意了，大盘可能已进入了所谓的“中期回档”。另外，当股市由熊转牛，指数由“超级底部”涨回到“合理价位”，或是“大涨一倍”之后，十之八九也都会遇上麻烦的“中期回档”。

以往，你有过每买必套或是越买越便宜的痛苦经验吗？这都是因为浑然不知自己是落在“中期回档”的陷阱之中，以至于悲剧一再重演。

“中期回档”的可怕就在于，在这个过程中，总会出现大大小小会带给投资者阵阵希望的反弹，但其实每一个反弹都会像是一个“锐利的钩子”，你一不小心，就会成了高挂在钩子上的“烤鸭”，动弹不得又欲哭无泪。无怪乎股市中一直流传着“新手套高档，老手套摸底，高手套反弹”的顺口溜。

遇上“中期回档”，表示股市“生病”了，需要一段时间来调养生息。休息多久呢？根据我对新兴市场所做的统计，由起跌日开始计算，平均是**43**个交易日，也就是大约两个月的时间。

2009年8月4日，以A股上证指数在3478点之后出现的“放暑假”修正为例，当指数跌破了2782点（3478×80%），已符合了“中期回档”的条件，整理的时间就会比平常长些了。

那么，要如何判断整理已经结束，波段行情又再起了呢？以下是我的研究心得，在此第一次公布。

“中期回档”结束的四大征兆：

（1）指数由底部反弹的幅度已超过自高点下跌以来总计跌幅的50%；

（2）含起涨周在内，周线连二红；

（3）大盘成交量配合增加，起涨周的周平均成交量至少高于过去周量的20%以上；

（4）由起涨日起算10天之内，至少有7天股市整体上涨家数多

于下跌家数50%以上。

A股在2009年10月9日当天终于走出了“中期回档”，出现了好久不见的强劲反弹，上证指数在接下来的几天，也很快地重新站回3100点的“合理价位”之上。由8月4日的回档第一天起算，这一次的“放暑假”，正是一天不多一天不少地整整放了43个交易日，很神奇，不是吗?!

运用统计数据揭开股市涨跌的神秘面纱，真的是既有用又有趣!

秘则 20

牛市“下半场”的操作心法

投资人问：

忘了是在什么节目中听到胡老师说，牛市分为上半场与下半场，在下半场的操作才是决定胜负的关键。我过去从来没有听过“下半场”这个新鲜名词，充满好奇。急着想请问老师，什么是牛市的下半场？它会出现什么状况？又该如何操作呢？

什么是牛市的下半场？

如果将股市比喻成一条鱼，现在，这条鱼中间最肥美的一段已经被啃光，只剩下鱼头跟鱼尾了。

听起来很令人沮丧，对吃得比较慢的人而言，更会感到心慌，但这却是事实。当然，有老饕会说，鱼头、鱼尾也很美味呀？不错！只是你必须懂得怎么吃，否则是很容易被鱼刺刺到的。

（一）怎样才知道牛市已进入下半场

牛市行进三部曲：

（1）股市由熊转牛，指数会由底部反弹而上，先回到“合理价位”。

（2）由“合理价位”起算，指数再上冲20%，就会抵达牛市上、下半场的边界。

（3）越过边界，就会正式进入牛市的下半场了。

以台湾股市为例，计算“合理价位”的方式与美股相同，既然底部是落在4000~4200点的区间，因此，“合理价位”就是在底部区上方50%的地方，也就是6300点（4200×1.5）。

然后，由6300点再向前行20%，当越过7560点（6300×1.2），股市就正式进入牛市的下半场了！

（二）牛市下半场会维持多久

很多人一听到我发明的这个“下半场”名词之后，都会对行情产生“夕阳无限好”的感叹。其实不然！因为牛市的下半场可能比上半场走得更长更久，根据一些新兴市场的统计现象，只要经济不扯后腿，它经常可以维持两年甚至更久的时间。但前提是，必须维持慢牛行情。股市若冲得太快，不但容易翻车，且会立即缩短“下半场”的寿命。

（三）牛市下半场会遭遇什么状况

牛市进入下半场之后，最明显的就是大盘常常会因类股轮动太快，出现群龙无首的状况；指数常常随新闻面起舞，暴起暴落。其实，最令人头疼的是，个股走势极端分歧，许多根本没有长翅膀却也混在上半场的行情中漫天飞舞的个股，将会跌得鼻青脸肿。毫无疑问，操作难度已经大大提高。

（四）牛市下半场的操作心法

（1）注意，占指数权重比较小的小型绩优股会成为下半场大家追逐的明星。

（2）锁定一些具备转机或是业绩持续成长题材的个股，在暴涨暴跌的行情中，耐心等待它们出现5%～10%的拉回再逐一低接。

（3）随时保留40%的现金，等待捡便宜的机会。请记得，每捡到一次便宜，就等于吃到了一大口中间段的鱼肉。

（4）60%长线资金宜分散布局，避免集中买进单一类股，这样才能在类股轮动快速的下半场，以静制动地采取守株待兔策略。

（5）指数只要急涨5%以上，立即停止追高，耐心等待每一次因别人紧张犯错而出现的5%～10%的拉回，这样就能不断拉大牛市下半场的获利空间。

我一直认为，牛市的下半场看似危机四伏，却仍充满着机会。虽然它很容易让人犯错，但也只有这样才能分辨出谁才是真正的股林高手。

使出你的十八般武艺吧，决定胜负的真正时刻到了！

秘则 21

投资股票的4个黄金步骤

投资人问：

2009年1月底正好是农历新年前夕，本来已准备回乡过节，听到胡老师要来大马演讲，硬是把时间延后，想再怎么样也要听课。当时吉隆坡指数由2008年年初的1500点跌到只剩下870点左右，老师说大盘已进入底部区，可以放心挑选值得投资的标的了。现在，才经过了半年的时间，指数已经涨回到1200点了，我和当天听课的几个朋友都好感谢老师呢！对了，朋友问我，那天胡老师在演讲会中提到投资时必须遵守几个重要的步骤，可是我好像也没记清楚。怎么办呢？

我在世界各地演讲时，总是会和大家讨论一个有趣的话题，那就是为何在股市中大多数人往往都是输家。有一次，一位投资人举手了，他说他过去选股都只凭直觉或是道听途说，进出之间也完全随兴为之、毫无章法，以至于多年下来在股市中总是屡战屡败，早已心灰意冷了。他的发言立即引起了全场来宾的共鸣。

过去我在华尔街主管分公司业务时，总是严格要求所有的投资顾问，在客户进场前务必提醒他们投资股票有 4 个环环相扣的步骤，如果其中任何一个环节做错了，将会影响到整个投资的结果。这 4 个步骤很简单，而且人人都懂，只可惜，大多数的客户一进场之后就会昏迷迷的全忘光了。

无论是新手或是老手，任何时候买卖股票都必须遵守以下 4 个步骤：

（一）买进一定要有理由

认识你的投资对象吗？

你对这家公司的发展以及相关产业动态究竟了解多少？

你熟悉股价过去的起伏惯性吗？

无论如何，你一定要找出一项可以充分说服自己买进这只股票的理由。

“听别人说”、“随便玩玩”、“碰碰运气”……如果一无所知地乱买一通，以后哪怕只是遇上一点芝麻状况，自然也会惊惶失措地乱卖一通，这正是赔钱的最大原因。

（二）买进后预先设下 10% 的止损点

先做好保护自己的动作吧，这是很重要的！遇上不对的时机，选到不当的对象，这个时候下车，还不至于伤了元气。

这第一个步骤，贵在执行。过去，有 70% 以上的客户在最后关头会改变主意，其中又以赌性坚强的男性投资人居多，但事后证明他们的赔钱率高达八成。

（三）至少设定30%的获利目标

既然想要赚大钱就要有企图心，获利30%只是最低的门槛。没有大钱赚何必浪费时间，任何一个成功的生意人都明白这个道理。股票上涨的过程中，请把手绑在背后，别才开始小赚了一点点就等不及的又去悄悄卖掉了。

（四）卖出后不可急着就换股买进

如果是因“止损”而卖出，别只抱怨选错对象，要冷静检讨是否时机根本不对，否则只会转身跳进另一个火坑。若是“止盈”卖出，要注意其他的个股是否也同样是涨翻天了，要是闭着眼睛的左手卖右手买，高价换高价，岂不是在自掌嘴巴。

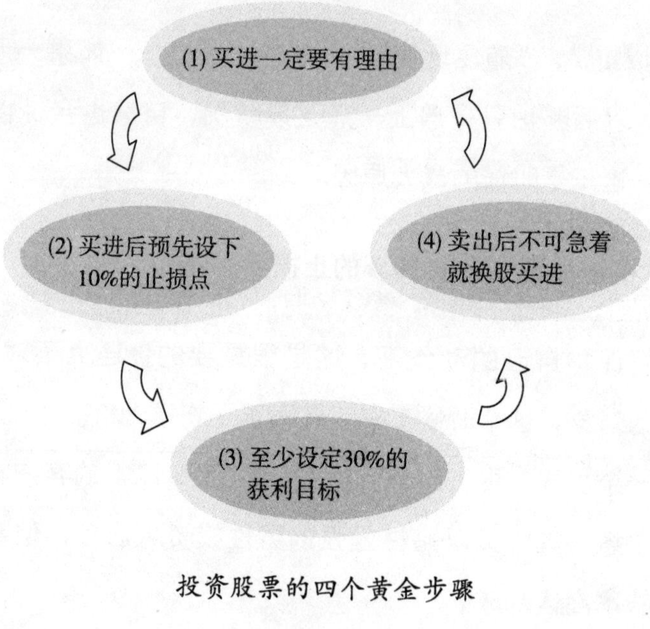

投资股票的四个黄金步骤

因此，卖出后至少要耐心观察 2 ~3 周，才能考虑新的投资标的。

以上四个步骤看似朴实无奇，其实暗藏"黄金"，只要确实做到，就会成为那少数赚钱的赢家。这是我长期观察客户行为所得到的心得，请务必相信！

以上四个步骤环环相扣，走在其中，须随时提醒自己要确实走对脚步！

秘则22

短线操作，试试“麻花糖操作法”

投资人问：

上次在湖南岳阳听了您的演讲，对老师的幽默风趣好佩服，连我这个对股票一点都不懂的人都听得津津有味，好几次还笑得喘不过气来。尤其是老师在台上还特别跳了一支桑巴舞，全场来宾也都快乐地跟着音乐节拍大声拍手，真让我大大开了眼界。对了，我姐姐很喜欢炒炒短线，但似乎尚未受过幸运之神的眷顾。别人可以买到那种动辄涨个两三倍的股票，而她说她常是一买就套，可气坏人了！可否请大师指点迷津，给个短线选股的良方妙药。

有太多的人每天都怀着发财梦不停地在股市中炒进炒出，但十个有九个总是快快乐乐进场，然后垂头丧气出场，因为买错了股票。心急如焚之下，纷纷跑来问我是否有短线炒股的必胜秘方?

我从来不建议投资者炒短线，因为难度太高了。但既然这么多人都感兴趣，我还是来回答好了。

有的！我的秘方只有一个，那就是——你必须买进**“会涨”**的股票！

我没有在开玩笑，我是说真的。如果你老是买进根本不会动的股票，就应该改去买不动产，不要再炒短线了。

玩短线想要赚到钱，必须学会把握机会。

股票的涨跌是轮动式的。你首先要知道市场资金的最新动向，看看当前是什么热门类股在吸引这么多人买进。是汽车股？是金融股？还是科技股？只为了捡便宜货，老是去买些冷门股，短线就不用玩了。

选中了热门类股之后，紧接着，就必须选对其中的个股了。

问题是跻身在同一个类股之中的股票有这么多，究竟该买哪一只呢？

我的建议是——**买进其中最会涨的那只当红小飙股**。它通常不会是类股中公认的龙头股，但目前它跑得比谁都快！

听来简单，但问题就出在这边。一般人总会先入为主地认为，已经涨了一段的股票很危险，很怕接到最后一棒。其实，就如同吃鱼，只要能吃到中间最肥美的那块儿就可以了，没来得及吃到前面的鱼头有什么关系呢。

可惜，大多数人在东想西想之后，最后总是会挑中一只完全还没有涨过的可怜虫。

结果呢？强者恒强，弱者恒弱。眼见小飙股是一波又一波地涨个不停，而自己买进的那只股票却是“万人皆涨，唯它独跌”，“捡便宜”最后变成了“捡破烂”，惨啊！

其实，炒股跟钓鱼原本是同一种运动，鱼群会游来游去，和类股轮动是一样的。钓鱼，当然要“哪边有鱼，哪边钓”。炒股，一定要**“跟着会推高股价的资金走”**!

会买当然也要会卖，我发明了一个**“麻花糖操作法”**，能帮你出主意。

要知道，小飙股与它的龙头股一个跑得快，一个跑得慢，但老大与老二其实像是卷在一起的麻花糖，是命运共同体。因此，即使你买的是小飙股，也要将它们摆在一起观察。

如果龙头股还在涨，但你的小飙股却开始摇摇晃晃，小心主力已在偷溜；如果龙头股出现**大跌3天或是5个交易日之中有4天下跌**的状况，这是上升趋势在改变的前兆，小飙股就要全面戒备了。如果2只个股一起走弱，则通常代表资金已由类股悄悄抽离。

既然是做短线，千万不要恋战，穿上你的夹克，是到了该离场的时候了!

秘则 23

你是股市的“高手”，还是“糕手”

投资人问：

我虽然只是个刚入市的新手，但雄心却不输别人，立志有朝一日定要成为股市高手。想请问胡老师，在您的心目中，什么样的人才称得上是真正的股市高手呢？

“不识庐山真面目，只缘身在此山中。”你知道这句话是谁说的吗？

答对了，是苏东坡。

那你知道“不识股票真面目，只缘身在股市中”这句话又是谁说的呢？

没错！这句话是我说的。

因为，许多人在一头钻进股市之后，立即就会被七上八下的行情搞得晕头转向，完全不知自己身在何方。想想看，如果连方向都摸不清楚，还想要赚钱，别开玩笑了。

因此，想要成为股市赢家，或是所谓的投资高手，你首先要做到：对行情的行进方向与位置有清楚的概念，对准备买进的个股有明确的追求目标价位。

让我来告诉你一个真实的故事，以前我在华尔街的众多客户中，有这么一位仁兄，他的投资观念真的是让我大感佩服，不得不称他是一位投资高手。

他在买进股票以前，一定先是冷静地观察大盘究竟是处在什么位置？是在牛市的初升段还是末升段？股价是在上下游走箱型区间的箱顶区还是箱底区？

他说，由于还未进场，旁观者清，比较具有方向感。否则，等到进入股市之后才一路摸索前进，不但可能撞得满头包，还会陷入进退两难的窘境。他还告诉我，如果不知道行情的所处位置，就无法有效地管控手中的资金。而资金的分配正是投资胜败的重要关键。

举例说，当股价是在箱底区域，就可以大胆满仓；若是处在不上不下的尴尬位置，则只能小玩几手了。

我这位高手客户在投资的过程中，对资金分配掌控很有一套。记得有这么一次吧，他经过一番研究后，认为某只个股有由50元涨到58元的潜力，于是决定进场买进30手。但是，他必须要确定他分析的股价方向与位置是否正确，于是，就拟订了一个“作战计划”，并且按部就班地执行。

他先只动用三分之一的资金，在50元的价位先只买进10手。接着，要等到股价上升到52元时才买进第二批的10手。原因是，这代表他的方向是正确了，“感觉”也对了。

然后，当股价继续涨到54元时，他会再做最后一次的加码，买进10手，理由是，这时已近入了“顺心”的阶段。

想想看，这不就有如投篮球一样吗？要先有“手感”，接着就能进入百投百中的“顺手”境界。

当满仓之后，他会耐心地等到他当初设定的目标价位——58 元来到时再来一次出清。

你一定会问，如果股价不如预期，中途出现逆转的话又该怎么办呢？

答案是：股价只要跌破买进的平均价位 52 元［(50 +52 +54) ÷3］，他会立即全数止损卖出，连一手都不留。厉害吧！

那你想知道一般的客户会怎么做吗？

首先，假设他们一开始也是看中这只觉得会涨的股票，但是却毫无计划，就冲动地在 50 元时一次买进了 30 手。由于一次就满仓了，在 52 元来临时，由于担心煮熟的鸭子飞了，他们往往就心满意足地全数获利了结了。但倘若股价不幸下跌呢？这时就会因为当初买得太多，而无法承受巨大损失，只好继续铤而走险地死抱不放了。

你说，像这样的投资者，是不是也是股市“糕手”呀？

看清楚喔，我说的可是糟糕的“糕”！

再来为大家提示一遍，要成为股市“高手”的两大要点：

(1) 对行情的行进方向与位置要有清楚的概念，对股价要有明确的追求目标。

(2) 要有效地管控手中的资金，做好资金的分配管理。

秘则 24

别漏接“天上掉下来的20%大礼”

投资人问：

最近市场掀起了一股黄金投资热潮，在一场挤满人潮的基金说明会上，听到胡老师兴奋地说，黄金站上1000美元之后，下一个价位一定会是1200元。只见左邻右舍都认真地在记笔记，而我却因忘了携带纸笔，没有将计算的方法抄下来，现在非常后悔。怎么办呢？黄金真的会飙到1200元吗？到了1200元之后，也要听老师的建议先跑一趟吗？

放心吧，我现在就来帮你做个完整的笔记。

任何商品期货、股价尤其是大盘指数，当来到一个充满争论、多空看法分歧的重要点位时，告诉自己，轻松赚钱的机会可能就要从天而降了。

因为价格一旦排除万难地站上了关卡，我的统计资料说，它接着会立刻赚到20%的上涨空间。但请注意，**20%将会是短线的满足点，**来到之后最好先卖出一趟。

以油价为例，它由33.5美元的底部开始反弹，在2009年6月

30 日触碰到“合理价位”的 73 美元之后开始拉回，然后在 70 美元附近冲上冲下地进行了接近 3 个月之久的价格拉锯战。看多的人预言通胀将卷土重来，油价必再大涨；看空的人则坚持，全球经济还处在嗷嗷待哺阶段，油价上扬仅是昙花一现。

无论如何，油价最终还是在 3 个月之后的 10 月初站稳了 70 美元。接着，它就立即上冲了 20%，等到在 10 月 21 日盘中触碰到 84 美元之后，又果然立刻回档。这一来一回，完全像是照着我们的沙盘推演来订做的一样。

那么，黄金呢？

自从 2008 年 2 月底金价闯关 1000 美元失败之后，每盎司千元的天价已是举世瞩目的焦点，市场议论纷纷，看法两极。

到了 2009 年 9 月，它竟然站上了卖压重重、令人畏惧的千元大关。**终于，送钱的机会来了。**

毫无意外，在 12 月初，金价果真是暴冲到了 1214 美元的天价。除了上涨 20% 的预言再度成真之外，金价同样也是在冲上目标之后，又骤跌到 1100 美元之下。

我一再强调，在商品世界以及股市中，人性是永远不会改变的。如果你还在忧心经济，还在关心升息，还在担心美元……就接不到这天上掉下来的 20% 大礼！

我知道，投资人会更关心这种机会可能出现在指数或是个股上吗？

答案是：几率很高！

假设有一只个股来到了备受争议的 50 元价位，市场议论纷纷，股价也开始出现欲进还退的现象。在经过一场拉锯大战之后，多方胜出，股价站稳 50 元后继续爬升。

接下来，只要在正常情况下，有八成的几率你会迅速地见到它来到 60 元（50 ×1.2）。

你听过“股市中只有输家与赢家，没有专家”这种说法吗?

千万别相信，因为你现在已经是个专家了。

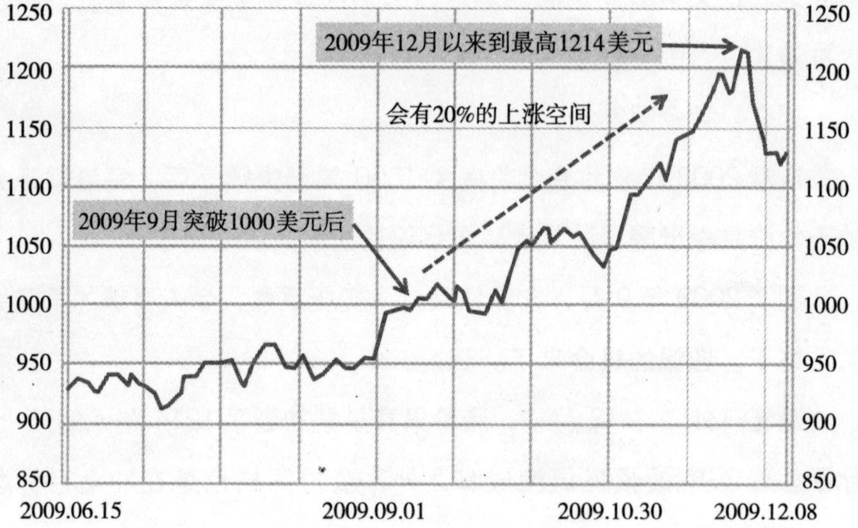

2009 年下半年金价走势图

秘则 25

创业板投资 12 招

投资人问：

我是个股市新手，通常总是跟着家人买进一些大家耳熟能详的大型上市公司股票，但昨天听我的营业员说，想赚大钱，就要去买店头市场的小型股，尤其是能推出新产品的科技股最受青睐。胡老师，我看过一篇报道，知道您过去曾担任美林证券硅谷分公司的总经理，对纳斯达克股市的主体，也就是硅谷小型科技股的发展有入微的见证与观察，又有丰富的实战经验，因此，想请求老师透露一些投资秘方，就教我几招吧。以后如果赚到钱，一定会请您吃顿牛排大餐。

嘿！还真是有默契呢，我的确是最喜欢吃牛排了。既然如此，就来透露几招，你等着请客吧！

美国纳斯达克股市的前身——店头市场（OTC），极为类似目前的创业板市场。由过去经验看来，买进一只尚在萌芽阶段但具备潜力的店头股票，其获利率往往能以数十倍计，原因是它比一些已经进入成熟期、在集中市场中交易的上市公司更具爆发力，这正是小型绩优股最可爱之处。

1971 年成立的纳斯达克市场（NASDAQ）中的明星股，大都是以科技电子股为主。这些公司中的大部分原先股本都很小，一旦有了新的产品发明，或是获得一笔大订单，盈余便能立刻翻上几翻，股价往往就像是坐上了火箭，直奔月球去了。因此，小股本的科技公司在纳斯达克因具备无限想象空间，极受欢迎。过去的苹果计算机以及英特尔等等，都是经典的例子。以往在华尔街，投资人常以纽约交易市场（NYSE）的标准来分析纳斯达克股票，自作聪明地以为某些高科技股的股价偏高，因而百般排拒，结果错失了发大财的机会。

无论如何，想在店头市场以及创业板市场中制胜，或是规避风险当然要有技巧，以下就为大家介绍其中主要几种：

（1）当遇上两只背景相似且业绩旗鼓相当的个股，积极型的投资人可优先考虑买进股本额较小的一只。

假设甲、乙两家公司的市盈率都是 10 倍，但甲公司的股本是 5 亿股，而乙公司则为 1 亿股，那么买进乙公司股票的获利潜力将远大于甲公司。有一种说法，那就是乙公司的股本只有甲公司的 1/5，而乙公司的生产与盈余又正以更快速的倍数成长，那么可以容忍它的市盈率相对地膨胀 5 倍到 50 倍，小股本往往代表它的可塑性更高，仍有广阔的发展空间。这也是为什么有些“短小轻薄”的纳斯达克股票的市盈率常常高达 100 倍，而买家依然趋之若鹜的原因，特别是“小而美”的科技电子股。

（2）凡事都有一体两面，小股本公司万一遇上大状况，其应变能力会相对较差。

因此，这类公司只要出现经营利空，建议勿掉以轻心，要立即卖出。

（3）任何股票，唯一能立即看到的是市盈率。

虽说买的是未来，但投资者若计划买进目前市盈率已偏高的个股，举例说，比同类股的平均市盈率高出一两倍，必须冷静分析它在未来一两年的盈利是否也能出现至少一两倍的成长，这样才能将高市盈率摊平，否则就是投机而不是投资了。

（4）即使是长期投资，至少每季度一次，要检视公司业绩是否有明显进展，倘若连续两季度出现不明原因的衰退，会是值得注意的警讯。

（5）遇上大多头行情，“短小轻薄”的个股最容易出现天天涨停板的狂热。

为避免在一连串追涨的过程中接到最后一棒，要注意以下状况：

①开盘时，只有外盘涨停却仍未锁住的个股，常是在进行浮筹清洗，问题不大。

②收盘时，蹦出巨量却仍只有外盘涨停，则须提高警觉，这往往是大户在拉高出货的征兆。

（6）在交易狂热的多头行情中，早盘阶段选择强势股，可考虑买进涨停却又暂时打开之个股。

根据长期观察，在开盘后半小时之内，原先涨停又打开之个股，其后再度锁定涨停之几率极高。

（7）筹码较少的个股容易暴起暴落，多采用限价委托下单，可防高买低卖。

（8）与主板市场相同的是，当遇上一只遭主力大户弃守、已摔了个大跟斗的个股，虽然看起来已很便宜，但劝你少碰为妙。

通常这种个股的筹码已经乱成一团，不是三两天可以理得清的，更不要心存大户在下车以后，过些时间会再回头上车的天真念头。

（9）看上一只个股，但股价已连续涨了一段，也想搭上飙涨列车时千万别急，你必须等待更安全的上车机会。

即使是跑得再快的个股，由起涨点飙升一阵子之后，也必须停下来喘口气。这个休息短则3~5天，长则8~10天以上。然后，如果它是跑长途的，就会开始向下一站出发了。假设这班列车是由广州开往北京，如果你错过了在广州上车的机会，只要耐心等在股价处于中间休息状态的武汉站再上车，还有赚到另外一大波段的机会。但是，绝对要确定这班车还会继续开往北京，也就是股价在经过几天充分的休息之后，开始由整理格局完成向上突破。

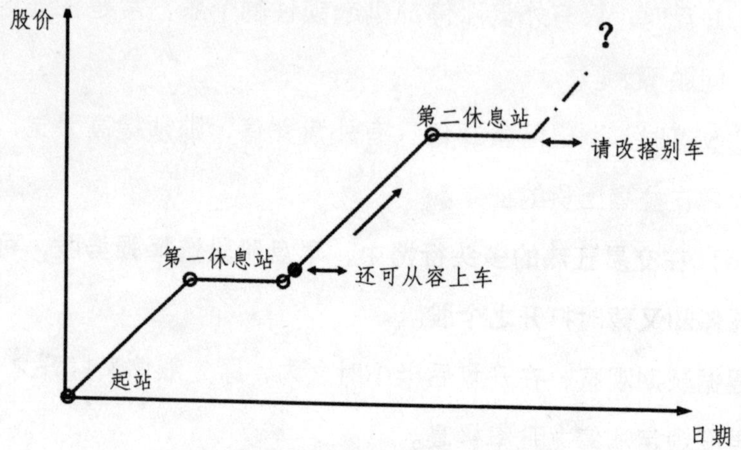

（10）遇上会生金蛋的好股，可别轻易拱手让人。

过去我在硅谷时，建议过许多“小而美”的个股，它们经常一口气出现相当于连续20个的涨停板。但事后证明，99%的客户都卖得太早了。印象中有一只个股，最让这些卖得太早的客户心疼，因为它由上市当天的 14 美元，两年内就不停地大涨到 387 美元。先提醒大家，天天盯着股价看的人，是赚不到大钱的！

（11）在牛市中，任何个股若纯因技术因素回调 10%～15%，很可能都会是捡便宜的好机会。

遇上急跌，不能慌张，要观察是不是圣诞老公公提前来送礼了。

（12）任何个股若是下跌超过 25%，都要小心谨慎，因为筹码结构已遭破坏，短线最好少碰为妙。

秘则 26

融资融券的 4 种互动关系

投资人问：

我已经有5年的投资经验，买卖股票的一些基本概念大致都懂，但偏偏就是不知道融资融券之间的互动关系对行情会产生什么影响。每次请教别人后的感受是，大家几乎也都似懂非懂，根本说不出一个所以然来。我于是在想，如果能把这套学问弄到手，那可就能摇身一变成为少数的投资高手了。

沪深股市目前已经启动融资融券业务，而根据我过去的研究，资与券之间的确有一些互动关系，在此提供大家做个参考吧。

在股市中，常听到有人呼吁："融资余额已经太高了，大盘就要崩跌了！"这种说法对吗？应该说只对了一半。因为融资余额究竟要增加到什么地步才能算高呢？况且，只要指数是配合融资余额节节升高，那又有什么问题。我比较担心的是融资不断扩增，而指数却推也推不动。

有时又会听到别人说："融资余额正在减肥，这对股市当然是太好了！"这种看法正确吗？其实仍只是半对。融资余额一旦下降，对股市只能算是“长多”，但却会带来“短空”。因为融资余额的减少已代表投资人对股市短线出现悲观，大盘怎么会好得起来呢。

对每天都需要研判次日行情的人来说，融资融券的变化一定要天天盯着看，因为它们其实已经提前反映出未来走势的端倪，太重要了！我对融资融券的观察大致包括下列 4 种方向，简单介绍如下：

1	若 融资余额↑ 融券余额↑	这种情况同时发生，而	指数↑	这通常是好现象，而且行情可能长期看俏。
			指数↓	这代表指数将有回档压力。
2	若 融资余额↓ 融券余额↓	这种情况同时发生，而	指数↑	这只是短多，须严防长空。
			指数↓	这是大坏，行情持续偏空。
3	若 融资余额↑ 融券余额↓	这种情况同时发生，而	指数↑	这虽是好现象，但通常行情无法持续太久。
			指数↓	这可不乐观，须注意行情有崩跌的可能。
4	若 融资余额↓ 融券余额↑	这种情况同时发生，而	指数↑	这又是大好，只是不多见，通常代表大盘渐酝酿飙涨行情。
			指数↓	这也是短空，指数有可能在短期内急跌。

这是我历经长久的统计才得出的答案，送给你们作个参考吧。

秘则 27

股票流水账：记取赔钱教训，复制成功经验

投资人问：

我目前住在美国，前阵子买了一本您的《胡立阳股票投资 100 招》，学到了许多在其他书籍中从未看过的投资技巧，非常兴奋。在 2008 年的金融海啸发生前大约两个月吧，美国股市还没有大跌，但我开始每天照着书中的建议，记录每一笔的股票进出。因为我平常买东西也有记账的习惯，觉得一定有用。一个月下来，一连串的买进却都是以赔钱收场，于是提高警觉，决定暂时收手并且退出股市了。没想到的是，竟因此躲过了可怕的金融海啸。现在我知道了，只要将每一笔的买卖认真记录下来，就会知道自己在股市中是处于逆势还是顺势，并且只能顺势操作。真的很感谢胡老师！

我认识许多朋友，他们到现在为止，每天都还有记流水账的好习惯，也就是将一笔一笔的日常支出细心地记在一本小小的簿子上。据他们说，以往总是很容易就莫名其妙地成为“月光族”，自从记了账以后，可以随时警惕自己，自然就不敢随便乱花钱了。

没错！当你把每一笔的开销都记得清清楚楚，才了解到每天东一笔、西一笔的花费原来是如此之多，越看越心疼，绝对会想尽办法节省开销。

同样的，在股市中很多人会觉得，自己买卖股票不都是有赚有赔的吗？怎么到头来一算，总是赔得稀里哗啦的。其实，你只要认真地将每一笔交易记录下来，也会发现，原来经常都是小赚大赔，而且有些进出只是像只无头苍蝇般在原地打转，根本没有必要，好像是嫌钱太多了，不送一点出去手就会痒似的。

因此，只要养成每天将股票的买卖逐笔记录的习惯，保证你以后的每笔进出都会更加谨慎。如果能再记下“买进理由”与“交易心得”，不但可以记取赔钱的教训，更可以复制成功的经验。

过去在华尔街，有一位朋友听从了我的建议，每天都会将操作结果与心得详细记录在本子上。他跟我说，每隔一段时间，他都会翻翻看看这本“日记”，觉得真是有趣极了，好像是在看一篇篇曲折离奇的投资故事，简直可以整理出书了。

他说，曾经有一只股票是以 10 元买进的，日记本中的“买进理由”栏是这样写的：该公司业绩正以倍数成长，不出一年必成大器！事后证明，他的判断百分之百正确。因为才不过一年，这只股票就成为众所瞩目的明星股，股价也飞奔到 100 元。

那他是不是赚翻了呢？

唉！这位老兄叹了口气说，他买进之后，才摆了两个星期就以 12 元的“高价”匆匆卖掉了。更讽刺的是，他当时在“交易心得”栏中写着：能在短短 10 多天的时间中就获得 20% 的暴利，证明自己选股的眼光过人。

故事还没有讲完呢。这位朋友接着又谈到，有一次，他以25元买进了一只已经涨了一大段的投机股，“买进理由”写的是：虽然追高，但只想炒个短线，万一买错了也绝对会在22元严格执行止损。结果这只大烂股在不久之后果然崩跌，一口气摔回“原形”才止跌。多少钱呢？3元！

那他在22元忍痛止损了吗？当然没有！

事后，他每看到日记本“盈亏”栏中那笔特别用红字标出来的巨大损失，就会痛彻心扉。还好，塞翁失马，焉知非福。他天天抱着日记本发誓，以后永远不会再犯下这种大错。如今，他已经是一位颇负盛名的投资理财专家啦。

记流水账可以帮助你“节流”，但若学会记股票账，还可以引导你“开源”呢。尤其是靠自己一笔一笔去辛苦记录，好比是卧薪尝胆，可以产生警戒作用。若能随时翻阅，温故而知新，肯定胜过你阅读任何一本股票书籍。

我要再次鼓励大家，在股市中只要做到“同样的错误只犯一次”，你就会轻松成为最有钱的投资人了。

在《胡立阳股票投资100招》中的第8招里，我曾经教过大家如何制作买卖股票的记录卡，请大家自行参阅。那么，就从今天开始，记录下你的每一笔交易吧。

买进					
公司	日期	数量	价格	手续费	总价
买进理由					
买进理由					
买进理由					
买进理由					

卖出					
日期	数量	价格	手续费 & 交易税	净收	盈(+) 亏(+)
交易心得					
交易心得					
交易心得					
交易心得					

每一个已经进入股票市场的投资人，都应该制作一张买卖股票的记录卡。亲自记录自己的买卖操作，可以加深了解落败的轨迹，才能避免历史重演，重蹈覆辙。

秘则 28

牛市行情遇上超跌，要把握捡便宜的机会

投资人问：

我一向很关注胡老师的股市论点，因为您过去提出的许多统计结果，既有趣又实用，对喜欢研究行情的投资者而言，极具参考价值。2010年6月，您在《中国证券报》的一篇专访中谈到，依据统计，A股正进入底部区域，上证指数在跌破了2600点以下，就进入了可以放心买进的长期投资区域，跌得越多，捡便宜的机会越大。近来行情低迷不振，我原本已心灰意冷，但听到之后，立即对股市又充满了希望。是否可以请胡老师再详细解说一下，这个“投资区域”是如何计算出来的？

股市长期下跌，很多投资者都干脆不看行情了，或许是眼不见心净嘛。但其实想要在股市中出人头地，永远都要记得，只有在行情低迷的时候，你才有可能捡到由别人手中丢出来的便宜股票。现在若是不敢低买，将来怎么会有机会高卖呢？脚步一开始就要走对。

尤其是股市的底部总是会在大家都不再关心行情的时候，静悄悄地又出现了。那么，底部究竟是在什么地方呢？目前不还是在牛市中吗？怎么指数跌掉了一大截呢？

股市由熊转牛，进行中常会因涨多而出现大大小小的回调，这些拉回幅度常都是在10% ~15%的范围之内，极为正常，无需过度担心。

但常常大盘在回调的过程中，恰巧又遇上一连串的突发利空，再眼见国际股市也是暴跌不已，总会令买在高档的投资者心生恐惧，纷纷甩卖，造成指数进一步下跌。请注意，密集的利空又会为大家带来机会，一个捡便宜的大好机会。

我在研究许多新兴股市由熊转牛之后的变化时，又发现了一个宝贵的统计现象：只要还是在牛市中，**指数一旦落到这一波反弹行情的中枢点位以下，都是捡便宜的好机会。**

上证指数这一波是由1664点的底部开始反弹，2009年8月最高曾来到3478点，将这两个数字加起来除以2，就是2571点，在这个点位之下，都是底部区域。但必须强调，我指的是“底部区域”，而不是“底部点位”，要逢底慢慢去做投资布局，而不要只想一次就抄底成功，没有人能幸运买在最低点位的！

统计数据除了极为方便实用之外，最重要的是，它可以为我们提供进退的依据。

再举一个例子。我认识这么一位投资者，他虽强调自己不喜欢炒短线，比较热衷“波段操作”。但奇怪的是，他的“波段”投资成绩并不理想，总是选错了买点，而且赔了钱还死抱不放。原因是他根本不了解“波段”的定义。

统计结果显示，波段行情大都要在“周线连三红”之后才会出现，平均的长度是3~5个月，绝对不是随时买进、抱得越久就一定赚得越多。即使是做波段，也要知所进退啊！

秘则 29

卖出股票的十大信号

投资人问：

亲爱的胡老师，坦白说，当初买了《胡立阳股票投资100招》，只是想在打发时间时随便翻翻。但看完之后才恍然大悟，终于知道自己在股市中老是赔钱的原因。以前我一直只会买不会卖，永远都是满手的套牢股。现在跟着书中的指示，已经慢慢掌握一些卖出的诀窍，例如“华尔兹操作法”与“股市地心引力”。看在我是您这么用功的好学生份上，还能再多教我些卖出的绝招吗？

2010年春节期间，我在台湾的电视台节目中首次公布了“卖出股票的十大信号”，不但收到了空前热烈的回响，要求回放节目的网友留言几乎将电视台的网站给塞爆了。接着，应腾讯网证券频道编辑的要求，我又将这“十大信号”在我的博客中再次公布，一天之内点阅人数竟然超过了200万。现在，我很乐意再和大家一起分享。

我说过，“人人都会买股票，会卖才是真本事”。由华尔街的工作中证实，一个会卖股票的人比起一个会买的来得少见，但就是这些少数人赚走了多数人的钱。

许多读者也坦陈，过去对于什么是“中期回档”，什么又是

“放暑假”行情，的确摸不清楚，以至于碰到状况就只能像鸵鸟般的紧抱着股票，一切听天由命了。

我曾经花了很长一段时间，专心研究股价在涨跌之间的一些微妙变化，也因此注意到，股价下跌前是会有些值得注意的征兆。

从这次金融风暴所造成的全球股灾中，又看到许多个股在股价反转时果然出现了一些我过去观察到的、长线或是短线的先期警讯，以下便是其中最具代表性的10项：

（1）个股出现天量之后，下面10个交易日都没有更大的量来越过。

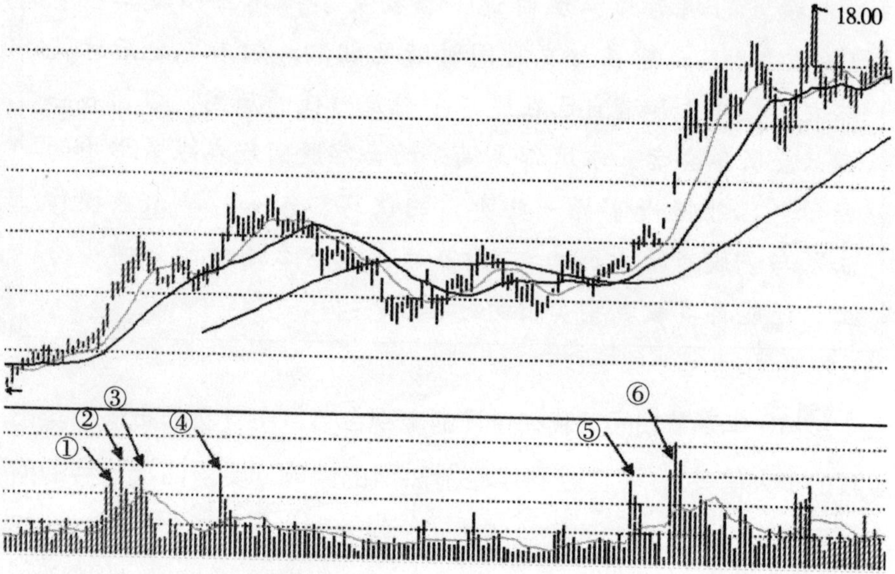

从这只股票的两次涨升潮都很好地说明了突来的巨量可以带来惊喜，但10个交易日之内必须又有大量出现，才能维持“涨潮”。①5月27日当日突然迸发出大于5日均量2倍以上的成交量，股价也随之飙升。10日内②、③持续的量能放大将价格推向高潮。④之后没有持续的量能接力，股价开始走向疲软。

在经过休息期之后，伴随着⑤成交量的迸发，股价再次飙升，10个交易日内⑥又迸出更大的量推高股价。

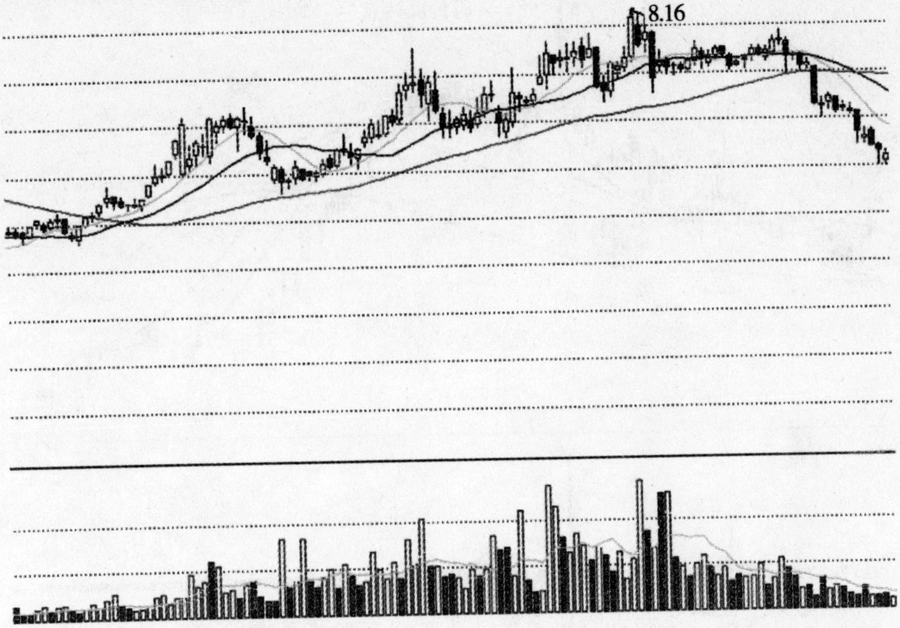

一波又一波的成交量能推升股价。所以“天量”并不可怕，可怕的是10天内没有更大的成交量来支撑。

（2）类股中排名一、二的龙头股双双开始走弱。举例说，连续大跌3天或是在5个交易日之中有4天下跌。

（3）股价连续2天开高走低，最后又是以2天来的最低点作收。

（4）股价在上涨超过30%之后，出现回档，然后10日移动平均线开始翻下。

（5）单日爆出近期大量，当天股价收在最低点或是留下1根长上影线。

（6）周量爆出波段以来天量，股价却连着2天明显走弱。

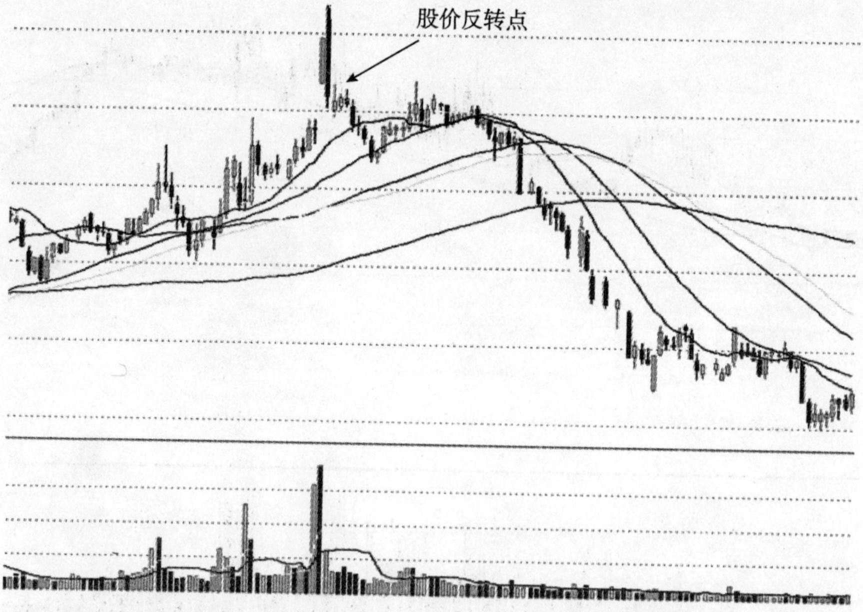

股价当天跳空高开，随即下跌，几乎收于全天的最低点。出现这种状况，之后的一路大跌并不意外。

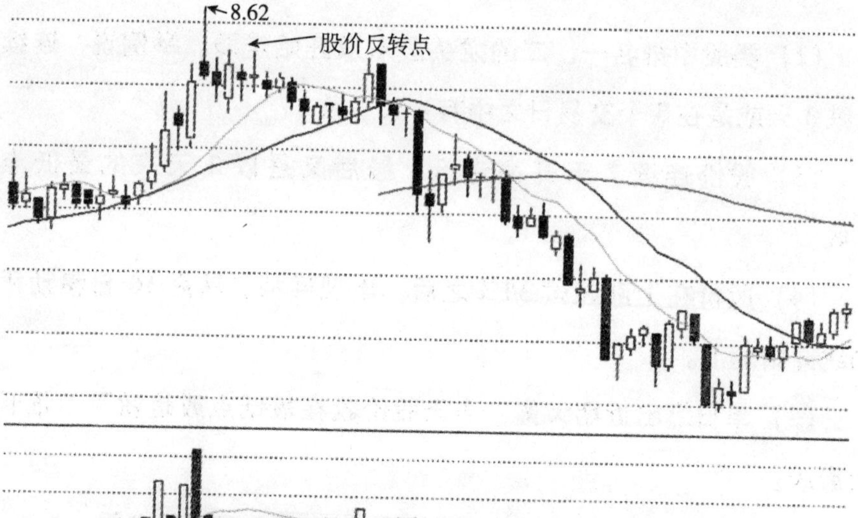

大量又留下 1 根长上影线，接着不跌也难。

（7）股价一周以来呈现剧烈震荡，但最后是以最低价作收。

（8）股价由最高点快速下跌超过 20%。

（9）股价线型图首次出现右峰比左峰低的“双峰图”，然后跌破颈线。

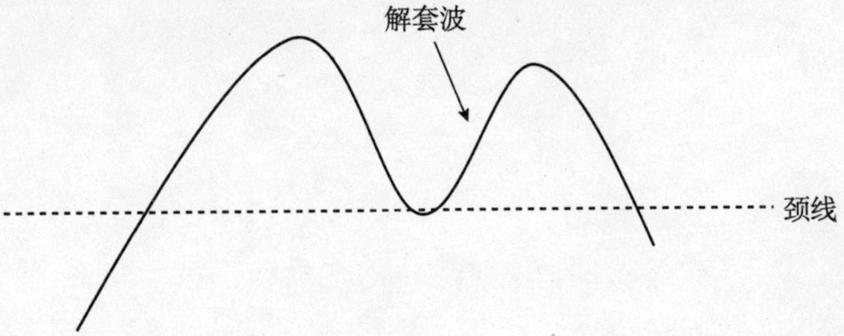

波段行情总在“双峰”之后落幕。出现右峰比左峰低的图形是变盘的先兆，当股价跌破颈线，跌势更加确认。

（10）个股“地心引力线”上方 20% 的“高压电线”开始走平，股价跌破“高压电线”。

地心引力线 = 个股的(30 日移动平均价 +72 日移动平均价) ÷2。

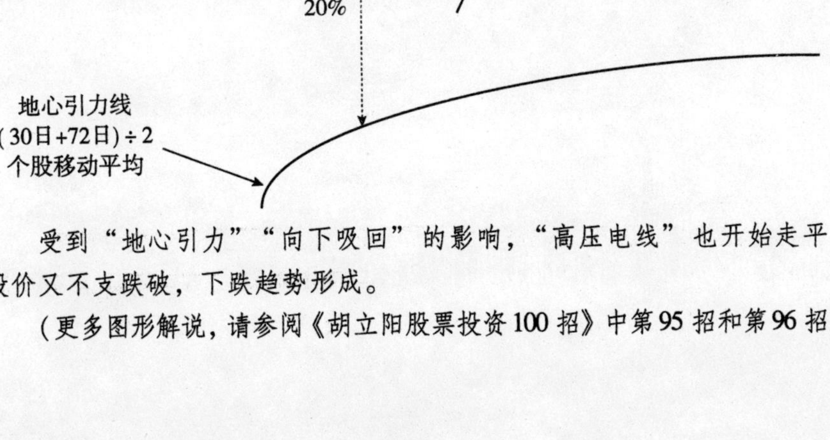

受到“地心引力”“向下吸回”的影响，“高压电线”也开始走平，股价又不支跌破，下跌趋势形成。

（更多图形解说，请参阅《胡立阳股票投资 100 招》中第 95 招和第 96 招）

一个参加竞技的运动员，如果具备优良的基本动作，便能避开运动伤害，一举夺标。热爱股票投资的朋友们，如果具备卖出的基本知识，便能避免落入陷阱，持盈保泰。

秘则 30

买进股票的十大信号

投资人问：

胡老师在上个月的电视节目中介绍了“卖出股票的十大信号”，还幽默地说，“出去不要跟太多人讲”。还真感谢老婆当时眼明手快，才能一字不漏速记成功。最近股市开始下跌，我们立即现学现用，卖得十分漂亮。想悄悄先请问大师，未来是否也会公布一些买进股票的讯号呢？

过去在华尔街，我身边有一批各拥绝技的投资高手，他们大都是杰出的工程师，特别喜欢使用计算机来做股市统计。大家总会定期聚会，一起探讨股票买卖之间的奥妙关系。

我们发现，股票在上涨之前的确是有蛛丝马迹，只要用功，你绝对也能买在低点。

希望以下我的“买进股票的十大信号”，能抛砖引玉，带动大家一起来继续研究：

（1）长期萎靡且有若一潭止水的成交量，突然出现大于过去5日均量3倍以上的大量，股价又以上涨作收。

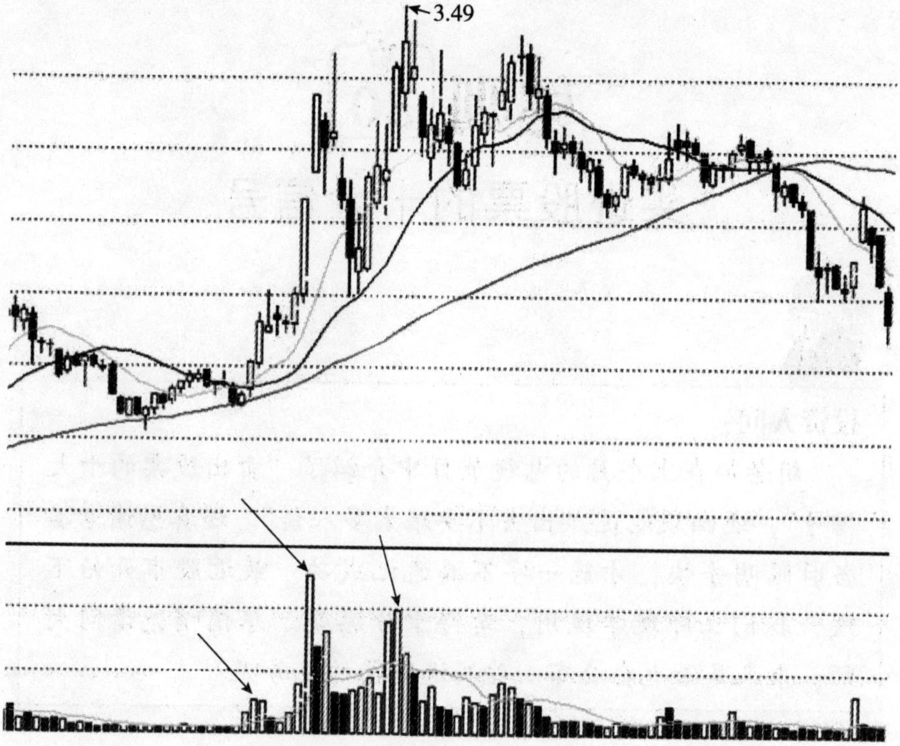

成交量一下子冒出来了，沙漠中出现绿洲，股价也立即活过来了。但是，量能一旦消失，股价又将枯萎。

（2）由成交量连线而成的量能图率先完成“头肩底”、“V”、“W”等底部图形。

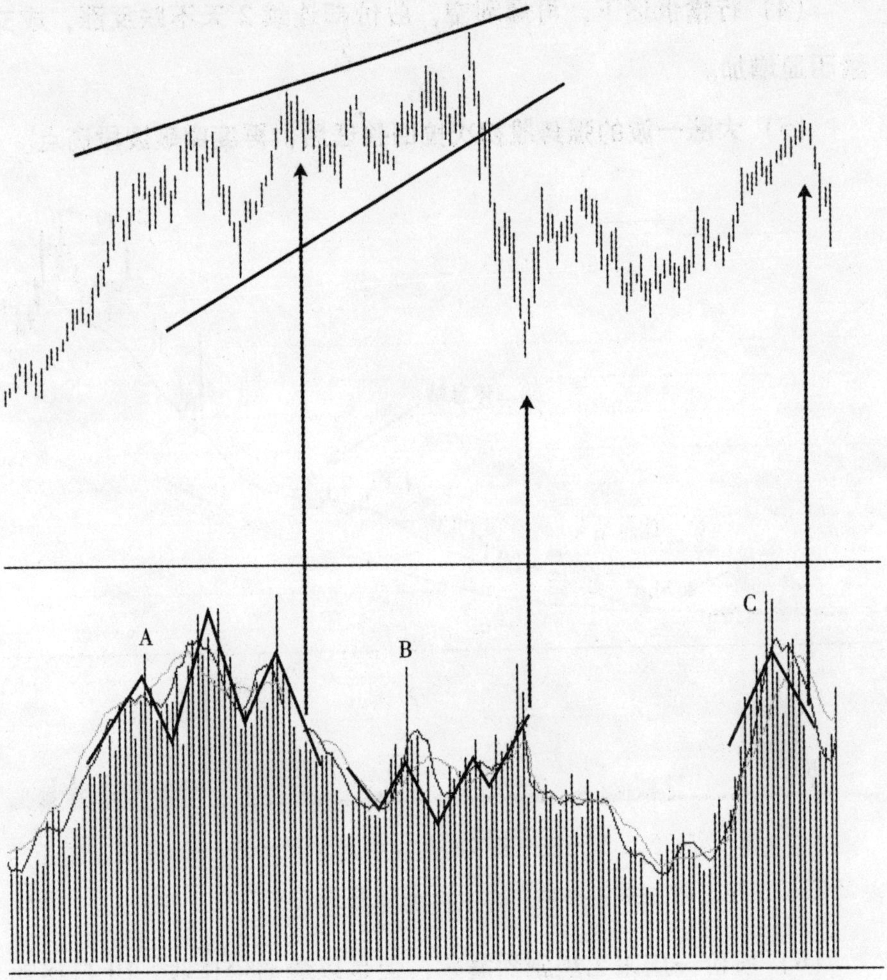

这是一只个股的股价走势图，成交量 A 早已完成“头肩顶”图形时，股价仍不知不觉。成交量 B 已完成“倒头肩”图形时，可以刚好买在股价的最低点。成交量 C 完成“倒 V 形”反转时，你又可以提前卖在最高点。

（3）行情下滑过程中，周量连 2 周急缩并创下波段最低周量，股价却出现止跌或缓升的背离现象。

（4）行情低迷下，再爆利空，股价却连续 2 天不跌反涨，成交量明显增加。

（5）大涨一波的强势股初次拉回整理后，再度突破波段高点。

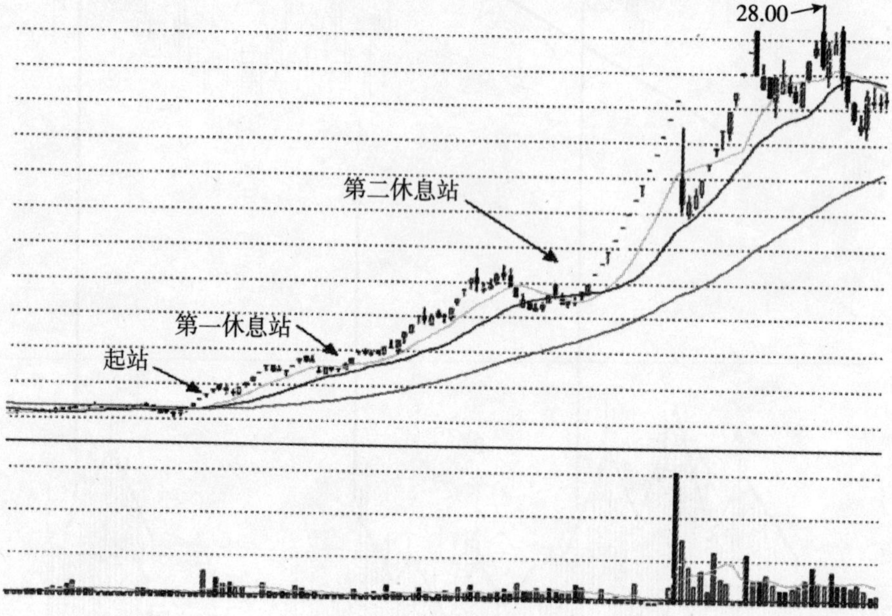

2 年时间，股价从 3 元涨到到 28 元，中间经过了 3 个休息站，前面两站还可以上车，到了第三站时，最好还是改搭别的班车吧。

（6）股价一周来出现剧烈震荡，但是以最高价作收，10 日移动平均线翻上。

（7）股价连续几天急挫之后，当日再跳空低开，但却以涨停或留长下影线的大逆转作收。

持续下跌过后出现 1 根低开高走大阳线，这种大逆转是股价即将上涨的明确信号。

(8) 低迷行情中，周线静悄悄地出现连两红，起涨周的成交量又大于过去周量的 25% 以上。

(9) 类股中排名一、二的龙头股双双走强，连续大涨 3 天或是在 5 个交易日之中有 4 天上涨。

(10) 股价跌进了个股“地心引力线”下方 20% 的“地心引力区”之后，突然出现大于 5 日均量 3 倍以上的大量，股价又收红。

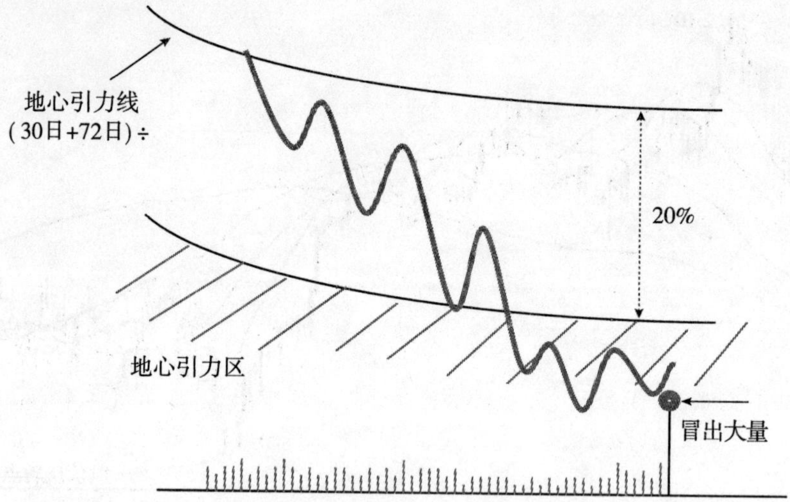

"地心引力区"是超跌区域，在这么低迷的气氛下，突然冒出1根大量，是谁在趁机买进？肯定不是散户。

（更多图形解说，请参阅《胡立阳股票投资100招》中第95招和第96招）

图书在版编目（CIP）数据

胡立阳股票投资制胜30秘则/胡立阳著.
--北京：经济日报出版社，2010.8
ISBN 978-7-80257-172-3

Ⅰ.①胡…
Ⅱ.①胡…
Ⅲ.①股票-证券投资-基本知识
Ⅳ.①F830.91

中国版本图书馆CIP数据核字（2010）第144797号

书　　名：胡立阳股票投资制胜30秘则
作　　者：胡立阳
责任编辑：王　含
责任校对：赵博雅
出版发行：经济日报出版社
地　　址：北京市宣武区右安门内大街65号（邮编：100054）
电　　话：010-63568136　63567690　63567691（编辑部）　63567687（邮购部）
010-63567683　63516978　63588445　63538621　83538863（发行部）
网　　址：www.edpbook.com.cn
E-mail：jjrbbjb@136.com
经　　销：全国新华书店
印　　刷：北京山润国际印务有限公司
开　　本：710×1000　1/16
印　　张：7.5
字　　数：100千字
版　　次：2010年8月第一版
印　　次：2010年9月第2次印刷
印　　数：5000　~15000册
书　　号：ISBN 978-7-80257-172-3
定　　价：18.00元